歴史文化ライブラリー

169

吉川弘文館

中世 瀬戸内海の旅人たち

山内 譲

目次

港・航路・海賊――プロローグ

1　港・航路・海賊

中世の瀬戸内海はどのような世界だったのか、またそこを人々はどのように行き来したのか――。これが、本書がこれから取り組んでいこうとするテーマである。

瀬戸内海は、古代以来物流の大動脈で、多くの人やモノがそこを行き交ったが、特に中世になるとそのような動きは、いっそう活発になった。荘園公領制《しょうえんこうりょうせい》の時代には、塩をはじめとする多様な荘園年貢が都やその周辺の荘園領主のもとに運ばれ、年貢が商品へと性格を変え、海運業が盛んになると、船頭、海賊などそれにかかわる人々の活動が活発になる。

このような中世瀬戸内海における人やモノの動きのうち、後者については近年研究が格段に進んだ。その大きなきっかけとなったのが故林屋辰三郎《はやしやたつさぶろう》氏による「兵庫北関入船納帳《ひょうごきたせきいりふねのうちょう》」（以下「入船納帳」と略記する）の発見と刊行であることは、異論のないところであろう。同帳は、室町時代の文安二年（一四四五）に、東大寺領摂津国兵庫北関に入関した船舶の記録で、その船の船籍地・積荷の種類と量・入関日・船頭名・問丸《といまる》名などが詳細に記録されている。同年の一、二月分についてはすでに東京大学文学部に所蔵されていることが知られていたが、林屋氏によって残りの分が発見され、一九八一年に一年分がまとめて翻刻、公刊されたのである。文安二年という一年間に限られているとはいえ、兵庫北関に入関したすべての船についての詳細な情報が盛り込まれているとあって多くの研究者の注目を集め、船籍地の比定、積荷の動き、船頭や問丸の活動など、さまざまな方向から研究がすすめられてきた。これによって中世瀬戸内海の海運・物流の研究は面目を一新したといっても過言ではないであろう。

中世瀬戸内海におけるモノの動きについての研究をすすめたもう一つの要因として、中世遺跡の発掘調査がすすんだことがあげられる。近年日本各地で中世の都市遺跡や城館遺跡の発掘調査が相ついで行われ、多くの遺跡から大量の陶磁器が出土した。これら多様な陶磁器の出土状況は、今まで知られていなかった遠隔地まで陶磁器が運ばれていたこと、今まで知られていた流通ルートにしても、従来予想されていたよりもはるかに大量の陶磁器が運ばれたらしいことを明らかにした。そして、そのような陶磁器の流通ルートのもっとも太いパイプがほかならぬ瀬戸内海であったこともわかってきた。

このようにモノの移動についていては目覚ましい研究の進展がみられたが、一方、人の移動についてはどうであろうか。これについては「入船納帳」も中世遺跡から出土した陶磁器も多くを語ってくれない。中世の人々はどのような移動の仕方をしたのか、特に海上を移動する場合、どのような船に乗り、どのようなところに立ち寄り、どのような経験をしながら旅をしたのか、わからないことはまだまだ多い。そのようなことを踏まえて、本書では、主として人の動きに着目して中世の瀬戸内海を見てみたいと思う。

その際本書がよりどころとした主要な史料は、瀬戸内海を船で旅した人々の記録である。中世の船旅の記録は、陸上の旅の記録に比して決して多くはないが、しかしそれでもなかには、旅に要した日数、寄航した港の様子、船上での生活などについて詳細に記した記録もないではない。これらを慎重に読み解いていけば、「入船納帳」や出土遺物が語る瀬戸内海とはまた違った瀬戸内海の姿が見えてくるはずである。

ただ船旅の記録の、史料としての限界も踏まえておかなければならない。それは、当時においては、記録を書き残すような人は社会のなかであくまでも限られた人たちであったからである。多くの旅人は記録などは書き残さなかった。そのようなことからすれば、旅の記録のみから作られた瀬戸内海のイメージは、一面的なものにならざるを得ない。そのようなことを避けるためにも、記録を残さない、名もない梶取《かんどり》や船頭の船旅の様子を復元することをも試みてみなければならない。そのようなときには、前記「入船納帳」や古文書も活用したいと思う。

船旅の記録を読み解いていくにあたって特に重点を置いた対象が三つある。港・航路・海賊がそれである。

港は、航海を考えるときにもっとも重要な要素である。中世の旅人たちが立ち寄った港はどこか。これについては旅の記録が明確に示してくれている場合が多い。それによると、従来よく知られていた堺・兵庫・尾道・赤間関《あかまがせき》などのほかに、播磨国室津《むろつ》・備前国牛窓《うしまど》・讃岐国塩飽《しわく》・安芸国蒲刈《かまがり》・同国高崎《たかさき》・周防国三田尻《みたじり》など重要な港が各地に開かれていたことがわかる。本書ではこれら従来あまり知られていなかった港を中心に取り上げたいと思う。そして、これら一つ一つの港は、どのような自然条件のところに開かれ、どのような景観を有していたのか、旅の記録の記述を参考にしつつ、現地調査によってこれらの諸点を解明したい。

航海をする者にとっては、一つ一つの港もさることながら、今立ち寄っている港と次の港がどのような位置関係にあるか、どのようなコースをとれば次の港に行き着くことができるか、ということも非常に重要なことがらになる。つまり航路の問題である。古代においては陸地を視認しながら山陽沿岸を航行するのが基本的なコースであったが、中世になるとそのようなコースはどのように変化するのか。旅の記録をきちんと読み、地図を参照すれば、このような課題にも一定の見通しを立てることができるであろう。

そして最後に、船旅をする人たちは、旅の途中においてどのような体験をしたのであろうか。港に立ち寄った場合には付近の名所旧跡の探訪、客船の旅であれば相客との交流などさまざまな体験が見られるが、旅人たちの最大の関心事はなんといっても、海賊と海難であった。特に海賊については、どの旅人も多くの筆を費やしてその様子を記録にとどめている。海賊が出没する海域はどこか、旅人たちに海賊はどのように見えたのか、海賊と遭遇したとき旅人たちはそれにどのように対処したのか。このような問題について考えることは、これまでもっぱら海賊側の史料から作られてきた海賊イメージを修正する作業にもなるにちがいない。

以上のようなねらいによって本書は構想された。ねらいどおりの書物になるかどうかはなはだ心もとないが、ともあれ、われわれも、船旅の主人公たちとともに瀬戸内の海に船出してみることにしよう。

厳島参詣の旅

中世人は、ことのほか信仰心のあつい人々であったから、機会を見つけては社寺参詣《さんけい》の旅に出かけた。もっとも人気があったのは、都からさほど遠くない熊野や高野山であったが、安芸国の厳島《いつくしま》神社も人々の関心を集めた社寺の一つである。厳島神社は瀬戸内海に浮かぶ島に鎮座していたから、そこを訪ねる参詣の旅は多くの場合瀬戸内海を行く船旅となった。

ここでは厳島に向けて船出した多くの旅人のうち、比較的詳細な記録を残している二人の人物を取り上げてみよう。

一人は、平安末期の政情不安のなかで旅に出た高倉《たかくら》院であり、もう一人は、南北朝末期に政治的ねらいを秘めて旅に出た足利義満《あしかがよしみつ》である。彼らの旅の記録は、それぞれの時代の瀬戸内海の様子をよく伝えている。

高倉院の厳島参詣

平氏と厳島神社

広島県佐伯《さえき》郡宮島《みやじま》町に鎮座する厳島《いつくしま》神社は、北九州の宗像《むなかた》神社系の田心姫《たごりひめ》・湍津姫《たぎつひめ》・市杵島姫《いちきしまひめ》の三女神を祭神とする古社である。すでに平安初期には名神大社《みょうじんたいしゃ》に列せられていたが、特に平安末期に平清盛《たいらのきよもり》の尊崇を得て以降社勢は大いに発展した。清盛と厳島神社の間につながりがうまれたのは清

図1　厳島神社の社殿

盛が久安二年（一一四六）から保元《ほうげん》元年（一一五六）にかけて、一〇年間にわたって安芸《あきの》守《かみ》をつとめたころであろうといわれている。『平家物語』は、その安芸守在任中に自らの手で再建した高野山大塔の落慶供養《らっけいくよう》のとき、弘法大師の化身《けしん》であるという僧が現れて厳島神社に奉仕すれば官位の昇進は思いのままであると告げたという話を伝えている。この話の真偽はともかく、その後清盛が官位とともに昇進を続け、それにともなって厳島神社の神《しん》威《い》も高まったことはまぎれもない事実である。厳島神社に対する信仰は、やがて平氏のみならず多くの貴族の間に広まり、それにともなって厳島参詣の旅も活発に行われるようになった。記録に残っているだけでも、清盛の参詣は一一回に及び、弟頼盛《よりもり》のごときは二〇度参詣したと、自ら語っている。平氏以外では、後白河《ごしらかわ》上皇が女御建春門院《にょうごけんしゅんもんいん》とともに承安四年（一一七四）に御幸し、高倉《たかくら》上皇が治承四年（一一八〇）の三月と十月に御幸した。そのほか当時の貴族たちもたびたび参詣した。

　彼らの旅の様子は必ずしも定かではないが、幸い高倉上皇の治承四年三月の旅については、同行した土御門《つちみかど》（源）通親《みちちか》が「高倉院厳島御幸《ごこう》記」（『群書類従《ぐんしょるいじゅう》』巻三一九、『新日本古典文学大系　中世日記紀行集』）という紀行文を残している（部分的には、『平家物語』巻四にも記述がある）。通親は、平安末・鎌倉初期の宮廷政治家で、当時は高倉院の院庁別当《いんのちょうべっとう》の地位にあったが、のちには内大臣にまで進み、九条兼実《かねざね》と対立しつつ、鎌倉幕府との交渉に腕をふるった人物として知られる。その参詣の旅の記録のなかに、断片的ながら平安末期の瀬戸内海の船旅の様子が描かれている。

高倉院の一行が厳島参詣に旅立った治承四年三月というのは、院にとっても、平氏にとってもただならぬ時期であった。高倉院自身は、気がすすまないままに、清盛の圧力によって安徳《あんとく》天皇に譲位した直後であったし、平氏にとっては、その専制支配にたいする不満が各地の武士や僧兵たちの間でようやく高まりはじめた時期であった。そして、それは、一行が都に帰りついた直後の五月の以仁王《もちひとおう》の乱、八月の源頼朝《よりとも》の挙兵へとつながっていく。

淀川を下る

高倉院の一行は三月十九日の早朝、まだ暗いうちに京都を出発し、途中、当時清盛によって鳥羽離宮に幽閉されていた後白河法皇に別れのあいさつをしたのち、鳥羽の草津（京都市伏見区）から川舟に乗りこんだ。草津は鳥羽離宮にもほど近い、鴨川と桂川の合流地点に発達した津で、当時、都人が瀬戸内海を旅する場合、ここから川船で淀川を下り、大坂湾まで出るのが普通であった。旅の伴《とも》をするのは、大納言藤原隆季《たかすえ》、紀行文の筆者でもある土御門通親など、公卿四人、殿上人六人、女房四、五人ほどであった。

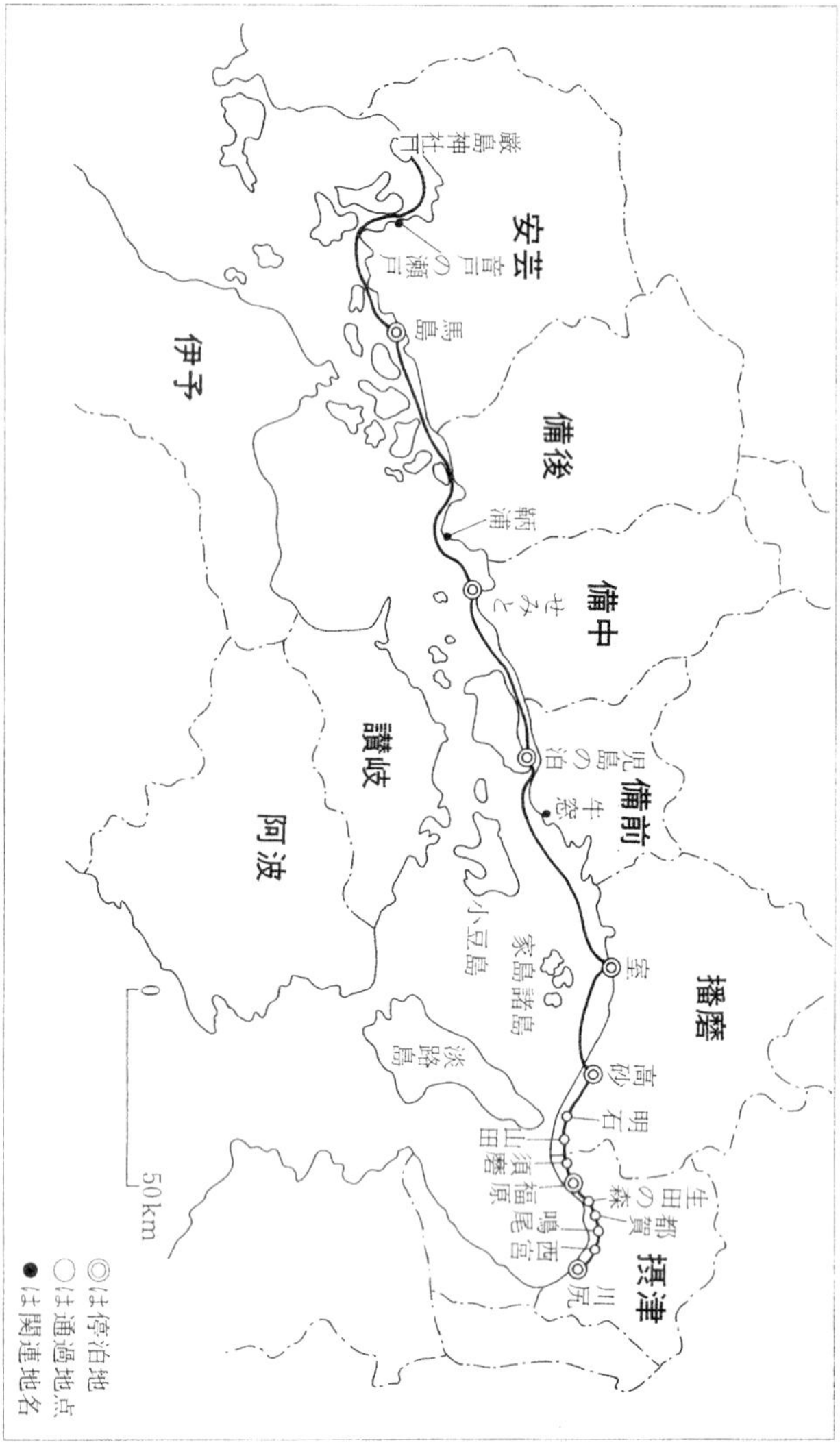

図2　高倉院一行の航路図

当時の一般的な行程では、鳥羽あたりで乗船して川船で淀川を下った場合、江口（大阪市東淀川区）あたりで一泊するのが普通であったが、一行は先を急ぎ、江口から神崎《かんざき》川の河口の「川しりのてら江」（川尻寺江）に着いた。「川しり」は、文字通り、神崎川の川尻（河口）に開けた港町である（尼崎市今福付近）。十世紀の初め、醍醐《だいご》朝の三善清行《みよしきよゆき》がその著名な意見封事《いけんふうじ》のなかで、行基《ぎょうき》が開いたという瀬戸内海沿岸の「五の泊」をあげているが、そのなかにすでに川尻の名前が見られることからも、その由来の古さがうかがえる。瀬戸内海の舟運《しゅううん》と、淀川水系の川船による舟運の結節点のひとつだったものと思われる。川尻では、高倉院の乳母《めのと》邦子の父で、当時平氏ときわめて近い関係にあった藤原邦綱《くにつな》が「御所」を設けて一行を歓迎した。

この川尻へ、福原の清盛のもとから「唐船《からぶね》」が派遣され、人々の目を見はらせた。土御門通親は、その驚きのさまを、「まことにおどろおどろしく、絵にかきたるに違はず。たうじん（唐人）ぞつきて参りたる」と記している。清盛が日宋貿易によって巨富を蓄積したことはよく知られているが、すでに船そのものを輸入し、しかもそれを「唐人」に操船させていた。清盛の魂胆《こんたん》は、その「おどろおどろし」き「唐船」を都人《みやこびと》の目の前につきつけて、度肝をぬくところにあったのであろうが、通親の記述をみるかぎり、その目論見はみごとに成功したようである。一行は、本来ならその「唐船」に乗りかえて海路を進むはずであったが、あいにくの悪天候のため、翌二十日は輿《こし》と徒歩で陸路を行くことになった。西宮、鳴尾《なるお》（ともに西宮市）、都賀《とが》、生田《いくた》の森（ともに神戸市）を過ぎて、清盛の待ちうける福原（神戸市）に到着した。福原は、清盛が出家後活動の拠点としていたところで、この船旅の直後に、この地への遷都が行われることになる。

福原では、通親が「天の下を心にまかせたるよそほひのほど」と表現する、清盛が天下の富をつぎこんで造営した豪壮な邸宅のたたずまいが人々を驚かせると同時に、厳島からやってきた内侍《ないし》たちの神楽《かぐら》や万歳楽《まんざいらく》が、旅の疲れを癒した。厳島の内侍というのは、本来は神前に奉仕する巫女《みこ》で、社人、供僧《くそう》と並んで大きな勢力を有する女性集団であったが、このころには、巫女としてよりも舞姫としてその名が知られ、しばしば貴族たちに優美な舞楽を披露している。ここでもその美しさは、一行の貴族たちに感銘をあたえたようで、通親は「天人のおりくだりたらんもかくやとぞ見ゆる」と表現している。

翌二十一日も、院の一行は輿と徒歩で出発し、清盛は「唐船」に乗って、沖からこれに同行した。和田岬、須磨の浦（ともに神戸市）を経て、播磨国に入り、「いなみの」（印南野か。ただし印南郡は、山田、明石の西方、高砂《たかさご》周辺にあたる）、山田（神戸市）、明石（明石市）などを通過して、その夜は高砂の泊《とまり》（高砂市）に停泊したものと思われる。

帆走する海船

翌日からは、船の旅である。一行の乗船した船がどのようなものかはわからないが、乗船にあたって、「御舟のあし深くて湊へかか」るゆえ、「はしふね」三艘《そう》を設けて輿をかつぎ込んだ、とあること、操船のために乗り込んだ「舟子《かこ》かんどり」が二〇人であることなどから判断して、かなりの大型船であることが想像される。

十四世紀初めの成立と考えられている、鎌倉荏柄《えがら》神社旧蔵の『天神縁起絵巻』には、筵《むしろ》帆《ほ》を使って順調に帆走する海船が描かれているが、高倉院一行が乗船した船もあるいは、このような種類の船だったのではないだろうか（図3）。石井謙治氏の研究に依拠しつつ、同絵巻に描かれている海船の特徴をまとめてみるとほぼ以下のようになろう（『図説和船史話』）。まず第一に船底部に刳船《くりふね》を用い、その上に棚材（舷側板）を釘《くぎ》付《づ》けしていった準構造船であるということである。これは古くから用いられた和船特有の構造で、このちのち大型化の必要に迫られると、船底部の刳船のかわりに強固な板材が用いられるようになり完全な構造船に脱却するといわれる。第二に、帆は筵帆の七反帆である。順風に恵まれれば図3のように帆走するが、風のない時には櫓《ろ》走《そう》するのが普通である。その時には

図３　帆走する海船
（『天神縁起絵巻（荏柄本）』，前田育徳会尊経閣文庫所蔵）

帆を倒し、船体の両側に設けられた櫓棚の上で櫓をこぐ。櫓棚は片側に五枚見えるから最大一〇人での櫓走が可能であったことがわかる。船上後部には屋形が設けられ、これがいわば客室である。さらに船尾には小さな艫《とも》屋形が付属している。これは乗組員である梶取《かんどり》や水夫《かこ》の居住する部屋であろう。

このように筵帆・櫓棚・屋形などを装備した準構造船が、鎌倉期の瀬戸内海を航行した大型海船の一般的な姿であった。出航にあたっては、「から《（唐）》の御舟よりつ《（鼓）》つみを三たびうつ、もろもろの舟どもはじめてこのこゑに湊をいづ」とあるから、清盛の乗船する「唐船」が指揮をとり、その合図で、船団がいっせいに動き出すさまを想像することができる。通親は、前日、須磨の浦を過ぎるころたまたま沖合に見えた船について、「浦づたひはるばる荒き磯べをこぎゆく舟は、帆うちひきて波のうへに走りあひたり」と述べているが、沿岸を目視しながら、浦づたいに進んでいく航法や、櫓漕《ろそう》を援用しつつ、帆に風をうけて帆走する、この時代の内海航路の船の特徴をよく伝えている。

室の泊

二十二日は、播磨国の室《むろ》の泊《とまり》（兵庫県御津《みつ》町）に停泊した。のちに室津とも呼ばれるようになるこの港も、すでに『播磨国風土記《はりまのくにふどき》』に名前が見え、前記三善清行の意見封事にも檉生《むろう》の浦と見える古い港である。この港について『播磨国風土記』は、「室と号《なづ》くるゆえは、この海、風を防ぐこと室のごとし、かれ、よりて名となす」と記し、通親は「山まはりて、そのなかに池などのやうにぞみゆる」と記している。〝室〟というのは、穴ぐらのような部屋、山腹などを掘って作った岩屋などを指すが、〝室〟といい〝池〟といい、まことに的確な表現で、奥深い入江のなかの波静かな良港の様子をよく伝えている。

室は、播磨国の東部揖保《いぼ》郡の南部から播磨灘に向かって突出した小さな半島の一角に開かれた港で、三方を山に囲まれ、わずかに西側のみが外に向かって開口している。池状の

図4　池のような入江に開かれた室津の港

入江は、狭いところでは直径が二〇〇メートルにも満たないほどで、近代の大規模な港を見慣れた目にはまことに小さく見える。しかし逆に言えば、まぎれもなくこれが古代・中世の港のたたずまいであり、近世・近代の改変をあまりうけていない室の港は、古代・中世の港の雰囲気をよく残しているといえる。

〝池〟の南側の低い丘陵上には賀茂神社（古くは賀茂大明神）が鎮座している。かつてこの地が京都の賀茂《かも》別雷《わけいかずち》神社（上賀茂神社）領室の御厨《みくりや》であった時代の名残りである。この室の御厨に限らず瀬戸内海沿岸には、賀茂別雷神社や鴨御祖《かものみおや》神社（下賀茂神社）の御厨や社領が広範に分布しているが、網野善彦氏は、その背後に、漁撈・廻船・製塩等にたずさわりながら神社に奉仕する供祭人《ぐさいにん》などの「職人的海民」の活動を想定している（「中世から見た古代の海民」『日本の古代8　海人の伝統』）。賀茂神社はすでに通親の時代には勧請《かんじょう》されていて、通親は「この社は、かも《（賀茂）》のみくり《（御厨）》やに、このとまり《（泊）》のまかりなりしそのかみふり《（振）》わけ《（分）》まゐらせ」たと記している。また通親は社殿が五、六棟「大やかに」並び建ち、「風雨のわづらひなどの御祈り」が行われている様などを記している。

〝池〟の東側、町並みの背後の丘陵上には、室山《むろやま》城跡がある。室の港を見下ろすこの城の築城時期は定かでないが、源平合戦の最中の寿永二年（一一八三）に、平知盛《たいらのとももり》率いる平家軍と源行家《みなもとのゆきいえ》軍が戦った室山合戦（『平家物語』巻八）の室山は、この地である可能性が高いといわれるし、建武三年（一三三六）三月に、足利尊氏《あしかがたかうじ》討伐の綸旨《りんじ》を受けた新田義貞《にったよしさだ》が、江田行義《えだゆきよし》、大館氏明《おおだちうじあき》を播磨に派遣したとき、これを迎え撃つ赤松円心《あかまつえんしん》軍との間で「室山」で合戦が行われ、赤松軍が敗退したというから（『太平記』巻一六）、城の歴史は古い。ただ本格的中世城郭として機能したのはやはり戦国時代で、そのころには浦上氏の居城であったという。浦上氏の港湾支配については史料を欠いているが、室山城が、室の港をにらんで立地し、海上交通や水運の支配と密接にかかわっていたことはまちがいないであろ

れた室の港と遊女（知恩院所蔵）

う。

遊女のいる港

古くからの港である室の泊は、また先の江口や神崎と並ぶ遊女の港としても著名である。清盛の福原遷都後の室の泊の繁栄はめざましく、江口・神崎の著名な遊女たちもこの地に移ったといわれる。高倉院の一行ももちろん彼女たちの歓迎をうけた。これについて通親は、「このとまりのあそびものども、古きつかの狐の、夕暮にばけたらんやうに、我もわれもと御所ちかくさしよす」と記す。狐が化けたようなとは、通親も辛辣《しんらつ》である。

通親らの一行が室に立ち寄ってから二七年後の建永二年（一二〇七）、法難を得て四国へ配流される途中の法然《ほうねん》の一行が室に

図５　『法然上人絵伝』に描か

着いた。『法然上人絵伝《ほうねんしょうにんえでん》』には、法然らの乗った船に、極楽往生の教えを求めて漕ぎ寄せる遊女の小船が印象深く描かれている。船上の遊女は、鼓《つづみ》を小脇に抱え、蓋《きぬがさ》をさしかけられて、かなりの上臈《じょうろう》と見える。「弥陀如来《みだにょらい》は、左様《さよう》なる罪人の為にこそ弘《ぐ》誓《ぜい》を立て給《たま》へる事にて侍《はべ》れ、唯《ただ》深く本願を憑《たの》みて、敢《あ》へて卑下することなかれ」と教えられた遊女は、随喜《ずいき》の涙を流して去ったが、法然が帰路の時に訪ねてみると、ひとすじに念仏を唱えて、幾ほどなく往生をとげたと里人が語ったという（『同絵伝』）。

この著名な話は、近年の研究では必ずしも歴史的事実ではなく、当時の説話集などの影響を受けて成立したものとされているが（『御津町史』第一巻）、室と遊女のつながりの深さをよく伝える話ではある。

説話といえば、現在の室津の町並みの南のはずれにある浄運寺《じょううんじ》には、この時の遊女友君の墓といわれる石塔が残されている。またこの友君は一方では、木曾義仲の愛妾山吹御前《やまぶきごぜん》のことであるともいわれる。山吹御前は、『平家物語』（巻九）に、「木曾は信濃を出しより、巴《ともえ》・山吹とて二人の美女を具せられたり、山吹は労《いたわり》ありて都に留まりぬ」と記している女性であり、義仲が都落ちをするに際して、行動をともにした巴御前《ともえごぜん》に対して、都にとどまったとされる女性である。女武将として著名な巴に比して存在感は薄いが、その山吹御前の墓・供養塔・位牌などが室津以外にも全国各地に残されている（拙稿「曾我兄弟と山吹御前―中世伊予の地域間交通と熊野信仰―」『伊予の地域史を歩く』）。あたかも曾我兄弟の物語における虎御前のように、木曾義仲の物語を語って歩く漂泊の女性たちの存在を推測させるものであるが、友君＝山吹御前伝承は、そのような女性たちが水運を利用して港々に立ち寄ったことを示すものであろう。

なお、『法然上人絵伝』は、上人のもとに漕ぎ寄せる遊女の小船ばかりでなく、その小船が出船した室の港をも詳細に描いている。池状をなした入江、入江のほとりの小高い丘、丘の松林のなかに立つ朱塗りの社殿、丘の崖下にもやった多数の小船、さらには入江の水ぎわ近くまで密集した民家など、そこには通親の描く室、現代の私たちが目にする室とほとんど変わらない港の姿が描かれている。こののちも室の泊は、港町としての繁栄を続け、多くの旅人たちが立ち寄ることになるが、それについては項を改めて触れることにする。

通親は、室の泊の向かいに「いゑしまといふとまり」があることを記している。現在の兵庫県飾磨《しかま》郡家島町の島々のことである。ここで注目したいのは、筑紫《つくし》へ向かう船は、この家島に停泊すると記していることである。同じ山陽沿岸を航行する船舶であっても、遠方の九州方面をめざす船舶のなかには、家島に碇《いかり》をおろして沖乗りのコースをとる船がすでに見られたのである。

平清盛の航路整備

翌二十三日は、有明の月が淡路島にかかるのをながめながら出港し、順調な旅を続けて、備前国の児島《こじま》の泊《とまり》に着いた。現在、山陽側と陸続きになっている児島半島は、古代・中世においては島として独立し、その児島と本土との狭い海峡が、瀬戸内海航路の要衝をなしていた。一行の船団も、この海峡のなか（いわゆる内海）に入って、停泊地を求めたものと推測される。児島の泊の正確な位置はわからないが、中世に港町として栄えていた八浜《はちはま》（岡山県玉野市）や郡《こおり》（岡山市）などが比定地としてあげられている。すでにこの時点でみぎわが遠く、下船後、輿で上陸したというから、かなりの遠浅海岸だったことがわかる。このあと児島の内海では吉井川や旭川の運ぶ土砂の堆積が進み、次第に航路としての使用ができなくなる。後述するように室町・戦国期になると、ほとんどの船は児島の南岸を通行するようになる（三宅克広「中世瀬戸内の水運と備前児島周辺」『倉敷の歴史』第三号）。

その後、二十四日には、備中国の「せみと」に停泊した。「せみと」の位置もさだかではないが、岡山県倉敷市玉島黒崎の沙美、岡山県笠岡市神島《こうのしま》近くの「せみど」などの諸説がある。二十五日には、安芸国の馬島（広島県安浦町）に停泊し、二十六日の午《うま》の刻（正午）に厳島についた。厳島では平氏一族あげての歓迎が待ちうけていたことはいうまでもない。十九日に京を出発し、二十二日には高砂の泊で船に乗り替えて、つごう八日間の旅であった。

以上、「高倉院厳島御幸記」によりながら、高倉院一行の瀬戸内海の旅をたどってきたが、同書でみるかぎり、一行の船旅は比較的平穏に行われたようにみえる。それは、「唐船」でたえず随行してきた清盛の配慮にもよるのであろうが、それにもまして見逃しがたいのは、この厳島にいたる航路が、すでにかなり整備され、安定した航海を可能にする条件が整えられていたことである。そして、そのような航路の整備につとめたのは、清盛自身である。清盛は、「御幸記」に見えた諸港のほかにも、備前国牛窓《うしまど》（岡山県牛窓町）、備後国敷名《しきな》の泊（広島県沼隈《ぬまくま》町、『平家物語』によると、一行は帰路この泊に立ち寄っている）などの港湾を整備したことが知られているし、史実としてはさだかでないが、音戸《おんど》の瀬戸の開削伝承も残されている。また、前記、敷名の泊にほど近い要港鞆浦《とものうら》には、清盛の子重盛《しげもり》の創建と伝えられる小松寺があり、港湾に対する平氏の関与が想像される。さらに、清盛が、別業《べつぎょう》福原の向かい側に経島《きょうがしま》を築いて、大輪田の泊を整備したことはよく知られているとおりである。これらのことを考えあわせると、福原〜厳島間にかなり整備された航路がすでにできあがっていたことは、十分に想像されるところである（河合正治「古代内海交通の諸問題」福尾猛一郎編『内海産業と水運の史的研究』）。

足利義満の西国遊覧

足利義満のねらい

高倉院《たかくら》の一行が厳島参詣《いつくしまさんけい》をとげた治承四年（一一八〇）から二〇〇年ほどのちにあたる康応《こうおう》元年（一三八九）に、室町将軍足利義満《あしかがよしみつ》が厳島参詣の旅を行った。康応元年といえば、南北朝期の末期にあたり、従一位・左大臣・准三后の地位を得た義満の政権が比較的安定していた時期である。とはいえ、関東の統治をまかせた鎌倉公方《かまくらくぼう》は、将軍家に取って代わろうとする野望を捨てきってはいないし、西日本には、中国地方の山名《やまな》・大内《おおうち》氏や九州地方の島津氏など幕府の威令が届きにくい有力守護《しゅご》が多数存在していた。そのようななかで、義満が厳島参詣のみを目的としてのんびりと遊覧の旅を行ったとは考え難く、やはりこの旅は西国守護への威圧をねらった一種のデモンストレーションと考えるべきであろう。その証拠に旅先では、義満は、かつての管領《かんれい》細川頼之《ほそかわよりゆき》と密談をこらし、各地の守護たちとしきりに面談を繰り返している。

また義満の地方遊覧は、今回がはじめてのことではなく、それまでにも何回か同様の試みをしている。四年前の至徳三年（一三八六）には丹後の名勝天の橋立に出かけているが、これは、当時一一ヵ国の守護を兼ねて強盛を誇っていた山名氏の勢力を削減するため、丹後守護山名満幸《やまなみつゆき》を利用して一族の分裂をはかろうとしたものであると考えられている。また嘉慶《かきょう》二年（一三八八）には、駿河に下って富士の景色を楽しんでいるが、これは康暦《こうりゃく》元年（一三七九）に謀叛《むほん》を企てた鎌倉公方足利氏満に無言の圧力を加え、鎌倉府と対峙《たいじ》している駿河守護今川泰範《やすのり》との関係を緊密にするのを目的としたと考えられる（新田英治・本郷和人「義満・義教の地方遊覧」『週刊朝日百科　日本の歴史14　義満と室町幕府』）。厳島参詣もこれら一連の地方遊覧の流れのなかでとらえることができよう。

さて、この厳島参詣の旅には、斯波義種《しばよしたね》・細川頼元《ほそかわよりもと》・畠山基国《はたけやまもとくに》・山名満幸《やまなみつゆき》・今川了俊《いまがわりょうしゅん》ら、幕府を支える有力守護が随行しているが、このうち文人としても名を知られた今川了俊が、「鹿苑院殿厳島詣記《ろくおんいんどのいつくしまもうでき》」（『群書類従《ぐんしょるいじゅう》』巻三三二、以下「詣記」と略記する）と題する旅の記録を残している。また、これとは別に、素性不明の元綱なる人物の手になる「鹿苑院西国下向記《げこうき》」（新城常三校注『神道大系文学篇五　参詣記』所収、以下「下向記」と略記する）なる記録も残されている。同じ旅についての記録であるが、前者は寄港地の地名や景色について詳細に記し、後者は各地の守護たちの接待・饗応ぶりや進物内容等について詳細に記すという特色が見られる。この両書に依りながら足利義満一行の旅の様子を、高倉院一行のそれと比較しつつ見ていくことにしよう（なお中世後期の瀬戸内海航路については、小林保夫氏によって的確な整理がなされている。「中世後期の交通」児玉幸多編『日本交通史』）。

室町時代の軍船

一行は、三月四日の朝のまだ暗いうちに京都を出発し、その日の午《うま》の刻（正午）に兵庫についた。翌五日の早朝に乗船して兵庫を出港した一行は、細川頼之《よりゆき》が準備した百余艘の船を連ねた大船団であった。義満らの乗った船について「下向記」は「御座船には二階をかまへ、まんのまく（幔の幕）をひきしかば、幔は天にひるがえり、幕は船に飾り」と記している。幔幕を張りめぐらせた二階建の屋形を備えていた豪華船らしいこと以上には詳細は不明であるが、やはり絵巻物と石井謙治氏の研究成果の助けを借りて、この時代の船を推測してみることにしよう。

この時代の船を描いた絵巻物としては、たとえば図6に示した「神功皇后縁起絵巻《じんぐうこうごうえんぎえまき》」（大阪府羽曳野市誉田《こんだ》八幡宮蔵）などをあげることができる。これは、神功皇后に関する絵

図6　室町時代の軍船（「神功皇后縁起絵巻」，誉田八幡宮所蔵）

巻物であるから設定は新羅《しらぎ》征討に向かう船ということになっているが、描かれたのは永享五年（一四三三）で、室町時代の軍船をモデルにしたことはまちがいない。これを、先に示した『天神縁起絵巻（荏柄《えがら》本）』（図3）に描かれた鎌倉時代の船と比べてみると、やや大型化しているが、筵帆《むしろほ》を使用した準構造船であるという点では基本的に同じ構造である。ただ変化が見えるのは、船体の幅が広くなり、屋形が豪華になっていること、中央と船尾に矢倉《やぐら》が設けられている点である。前者は、いうまでもなく乗船人数を増やすためであり、後者は海戦に備えたものであろう。義満らが乗っていた船もこれに近いものではなかっただろうか。

兵庫出港後のコースは、高倉院の場合とほとんど同じであるが、高倉院の一行が室《むろ》の泊《とまり》に停泊したのに対して、義満の一行は「たて崎」（岡山県邑久《おく》町長島東端の楯崎か）の沖に停泊した。「下向記」は牛窓《うしまど》の二里ばかり手前であると記しているので、本来は牛窓に停泊する予定であったのが、風雨のために急遽長島の島陰に船を寄せることになったものと思われる。高倉院の一行の一日の行程が高砂―室の泊だったの対して、義満の場合は兵庫―楯崎で、一日の航続距離が倍近くのびているのが注目される。

讃岐国宇多津

高倉院の一行は、室の泊からそのまま山陽沿岸を進んだが、義満の一行は翌六日には、備讃瀬戸《びさんせと》を斜めに横切って四国の宇多津《うたづ》（香川県宇多津町）に向かった。途中、牛窓・「ま井のす」・大槌島《おおづち》・小槌島《こづち》などの景色を楽しみ、潮流の激しい槌戸《つちのと》瀬戸を経て亥《い》の刻（午後一〇時）過ぎに宇多津に入港した。わざわざ四国に向かったのは、もちろんここが細川頼之の本拠だからである。義満若年のころ管領《かんれい》として幕政を左右した頼之は、ちょうど一〇年前の康暦の政変（一三七九年）で失脚して以来、領国讃岐に帰っていたのである。このかつての老臣頼之との関係を修復することが、義満の旅の大きな目的のひとつであり、その意味では、コースを大きく変更しようとも宇多津に寄ることは欠かせなかったのである。義満は帰路にも宇多津に立ち寄り、この時には余人を退けて二人だけで親しく語り合い、頼之は、涙をおさえて退出したと、「詣記」は記し

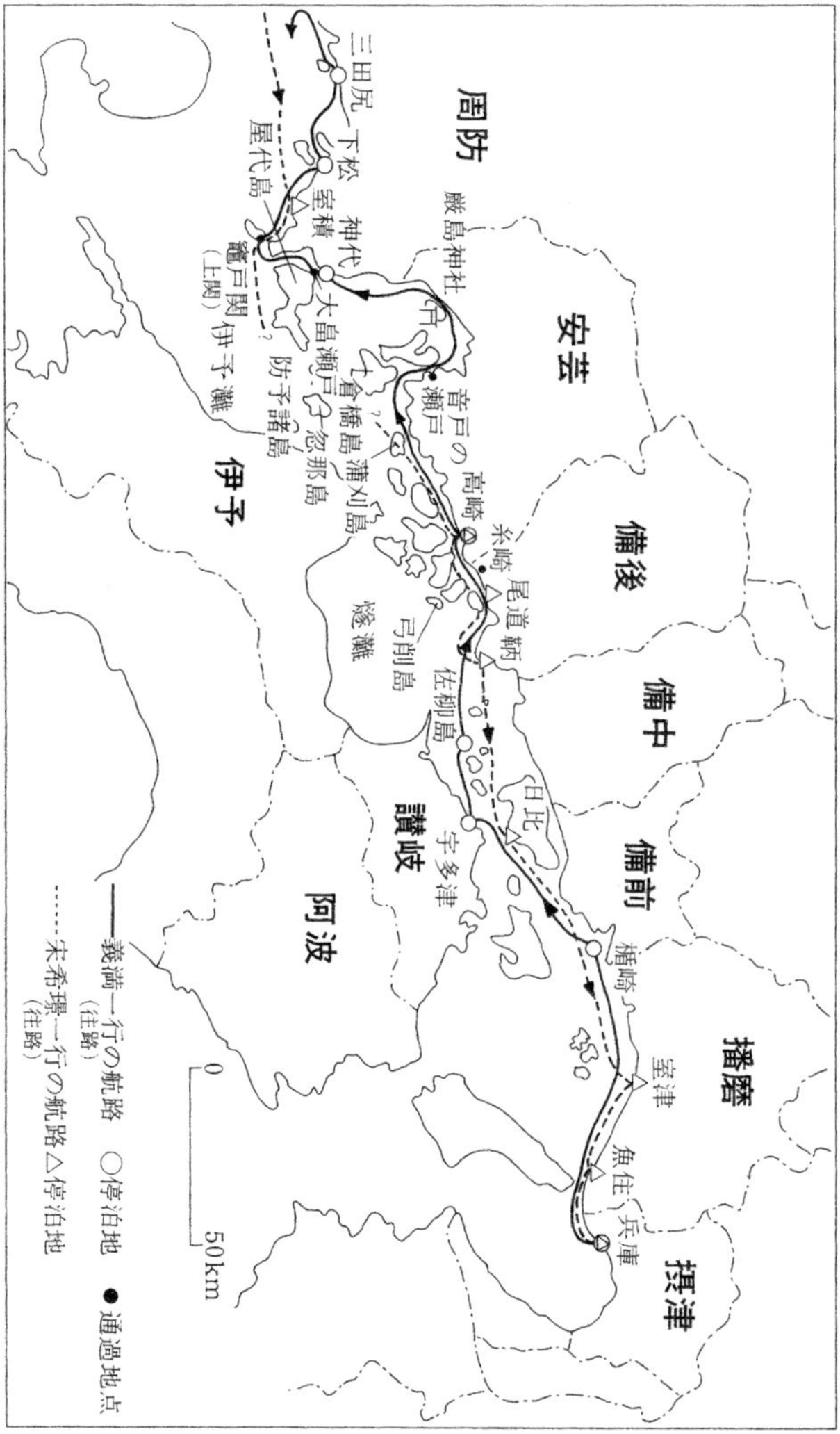

図7　足利義満・宋希璟一行の航路図

ている。

宇多津は、頼之の領国支配の拠点となる守護所であると同時に、四国側の重要な港町でもあった。現在は埋め立て等により往時の姿を失っているが、それでも、大束川《だいそくがわ》の河口に開けた入江が、東側の聖通寺山《しょうつうじやま》・角山《つのやま》、西側の青ノ山によって守られた波静かな空間を作っていたであろう様をある程度推測することができる。そして、聖通寺山には、聖通寺城が築かれていた。同城は、応仁《おうにん》の乱のころ、細川氏の被官奈良氏によって築かれたといわれるから、義満のころには、まだその姿を見ることはできなかったが、戦国期以降には、ここでも港とそれを見下ろす中世城郭《じょうかく》がセットになって立地していたのである。

海人の家々が並ぶ港

宇多津の港の景観について「詣記」は、「北にむかひて渚《なぎさ》にそひて、海人《あま》の家々ならべり、ひむがしは野山のおのへ北ざまに長くみえたり、磯ぎはにつづきて、古たる松がえなどむろの木にならびたり、寺々の軒ばほのかに見ゆ」と記している。北に向かって渚に沿って海人の家々が並んでいることからすれば、すでに小川信氏が述べているように（「淡路・讃岐両国の守護所と守護・守護代・国人」『国立歴史民俗博物館研究報告』第八集）、湾の一角に東西に渚線があり、それに沿って民家が立ち並んでいたことがわかる。また松の並木の間から寺々の軒ばがほのかに見えるという

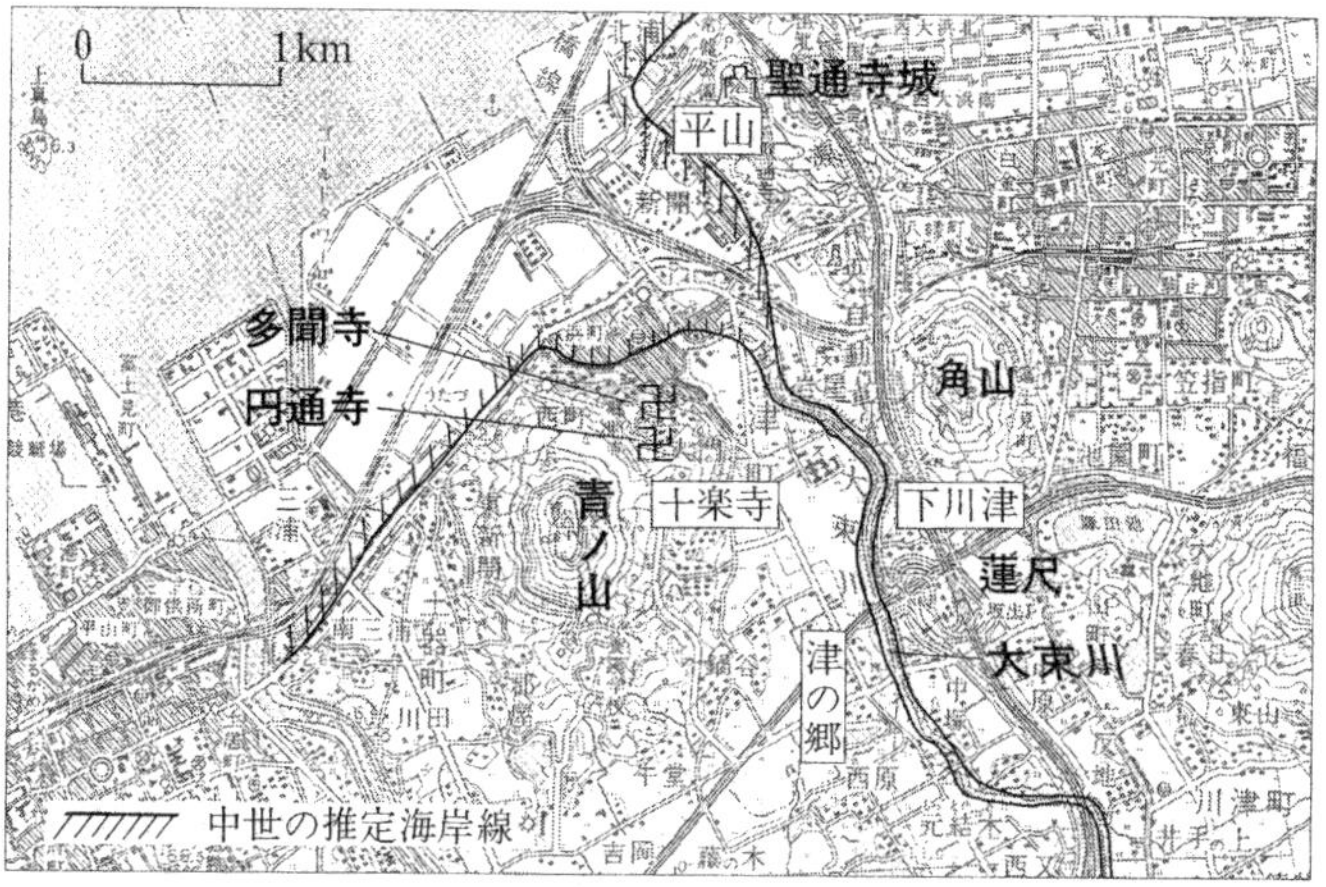

図8　宇多津の港（国土地理院発行5万分の1地形図，丸亀を使用）

から、寺々も港近くに伽藍《がらん》を有していたものと思われる。

　このような条件に合うところを中世の入江周辺から探すとすれば、それは、入江の西にそびえる青ノ山の北麓一帯であろう。この地には現在、宇多津の市街地が広がっているが、そのうちの大部分は近世以降の埋め立て地の上に成立したものであって、中世の海岸線は図8に示したように、青ノ山の山麓のほど近くにまで寄っていたものと思われる（唐木裕志・橋詰茂両氏の御教示による）。この狭い山麓部には、現在も四国霊場七八番札所郷照《ごうしょう》寺《じ》をはじめ多くの寺々が甍《いらか》を並べているが、このような景観はおそらく中世にも変わらなかったはずで、それが了俊をして、「寺々の軒ばほのかに見ゆ」と表現させることになったのであろう。そのような寺々の中には、足利政権にゆかりの深い安国寺《あんこくじ》も含まれていたはずである。

また、頼之の守護所も同じ青ノ山の山麓に所在したらしい。現在、宇大門《あざだいもん》に所在する円《えん》通寺《つうじ》と多聞寺《たもんじ》は、ともに頼之居館跡との伝承を有しているから、その周辺に守護所があった可能性が高い。宇大門の南に残る十楽寺《じゅうらくじ》という地名も港との関連を考えるうえで重要である。網野善彦氏は、「十楽の津」と呼ばれた伊勢の港町桑名が中世のアジールであったことを指摘しているが（『無縁・公界・楽―日本中世の自由と平和―』）、宇多津の十楽寺もそのような視点から見直してみることが必要であろう。

了俊は、港の東には野山の尾根が北に向かって長くのびている、と記している。この「野山」が、入江の東側の角山《つのやま》から聖通寺山にいたる山なみをさしていることは明らかであろう。そして角山は、近くに津ノ郷という地名があることなどから考えて、本来は、港を望む山、津ノ山という意味に違いない。またその角山の南に下川津《しもかわづ》という地名があるが、これは大束川の流域に成立した川の港にちなむものであろう。さらに推測を重ねるならば、下川津から大束川を遡ったところにある鋳物師屋《いもじや》や鋳物師原《いもじはら》の地名は、同川の水運を利用して鋳物の製作や販売に携わった手工業者に、蓮尺の地名は連雀《れんじゃく》商人に、それぞれにちなむものとみることもできる。

やや推測に頼りすぎたが、ここで重要なことは、宇多津が瀬戸内海に向かって開けた港であるばかりでなく、大束川を通じて讃岐国鵜足《うた》郡の各地と密接に結び付いた港であったという事実である。また坂出市川津町が、中世の九条家領河津荘の故地であることを考えるならば、宇多津は、荘園の倉敷地の役割を果たす港町であったともいえよう（唐木裕志「中世後期・近世初頭における讃岐の法華宗の展開について（上）（下）」『香川の歴史』三・四号）。さらにこれまでしばしば言及してきた「兵庫北関入船納帳《ひょうごきたせきいりふねのうちょう》」に、宇多津船の入関が四七回にもわたって記録されている。これは、宇多津が地域廻船の基地でもあったことを示している。このように宇多津は、単に守護所に付属する政治的な港町であったばかりでなく、さまざまな経済的機能をも果たす港町であったのである。

ところで、大束川の河口の入江には、宇多津とは別にもう一つの港が開かれていた可能性がある。聖通寺山の南の山麓に所在する平山《ひらやま》がそれである。宇多津からみれば入江をはさんでちょうど対岸に当たる。前記「兵庫北関入船納帳」には、平山を船籍地とする船舶が一九回にわたって入関していることが記録されている。この平山の位置については諸説があるが、この地の平山とする橋詰茂氏の説が当を得ていると思う（「『兵庫北関入船納帳』に見る讃岐船の動向」『香川史学』一三号）。

話を義満の旅にもどそう。義満の一行は、新たに頼之を伴《とも》に加えて同津を出港した。八日は、風雨が激しくて急遽塩飽《しわく》諸島西端の佐柳島《さなぎ》（香川県多度津町）に停泊し、九日には尾道《おのみち》・糸崎《いとざき》（広島県三原市）等を経て高崎《たかさき》（広島県竹原市）に停泊したというから、再び山陽沿岸コースに戻ったことがわかる。翌十日は、音戸の瀬戸を経て夜遅くに厳島に着いた。

京都を出て以来七日間の旅であったが、そのうちの一日は宇多津に滞在していたから、実質の所要日数は六日間ということになる。高倉院の所要日数が八日であったことと比べると二日の短縮ということになる。当時の航海が天候に左右されることが多いことを考えると、安易な比較をすることはできないが、義満の一行のほうが、六日のうちの一日は風雨のために宇多津から佐柳島まで三里しか動けなかったことなどからみて、天候の影響を大きく受けており、そのことなどを考慮に入れると、航海技術は二〇〇年間に着実に進歩し、かなりの時間短縮を実現しているといえるのではないだろうか。

翌十一日には、厳島神社に参詣したが、ゆっくりする間もなく乗船して、その日は神代《こうじろ》（山口県大畠《おおばたけ》町）の沖まで足を伸ばした。ここにもこの旅の目的が厳島参詣のみではないことがよく表れている。翌日は、「下向記」が、阿波の鳴門にも比すべきと記す周防《すおう》の鳴門＝大畠瀬戸をぬけ、竈戸関《かまどのせき》（上関町《かみのせき》）や室積《むろづみ》（光市）を経由して下松《くだまつ》に停泊した。ここで周防の守護大内義弘《おおうちよしひろ》があいさつに伺候《しこう》した。さらに翌日はわずかばかり西に進んで、「この国の国府の南、たかはまといふ浦ばたの、みたじりといふ松原」（「詣記」）に着き、大内義弘が設けた宿所に入った。

佐波川河口の三つの港

この停泊地は、周防国西部の大河川佐波川《さばがわ》の河口近くに広がる大きな入江の一角である。佐波川は、現在は防府《ほうふ》の市街地の西側を西南流して大海《おおみ》湾に注いでいるが、かつては、松崎天満宮のある天神山あたりから南流し、仁井令《にいりょう》を通って海に注いでいたという。それを東大寺大勧進重源《ちょうげん》が、東大寺再建用の木材の筏流《いかだなが》しに不便だとして「新たに河を掘り、江海に通」じさせたといわれる（「東大寺造立供養記」『群書類従』巻四三五）。重源の流路付け替えが事実かどうかはしばらく措《お》くとしても、山間部を南流してきた佐波川が防府の平野部に出るあたりでさまざまに乱流していたことはまちがいないであろう。その旧佐波川の河口周辺は、近世から近代にかけて次々と新田や塩田として埋め立てられて景観を大きく変えてしまった。現在わずかに残る地名や地形、文献史料の記述などを参考にして佐波川の旧流路や河口周辺の海岸線を大胆に推測してみたのが図9である。もしこの推測があたっているとすれば、かつて旧佐波川

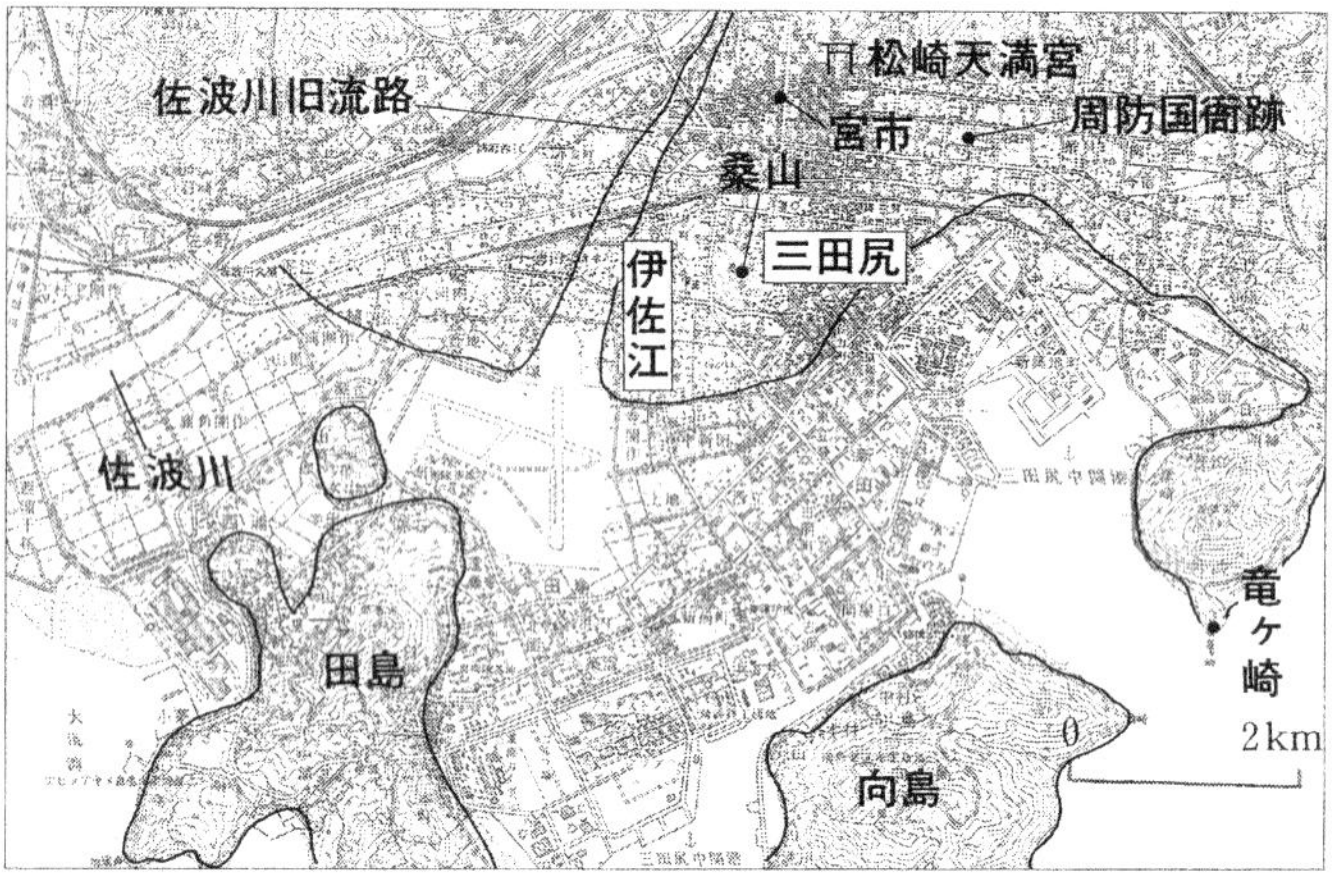

図９　三田尻の港（国土地理院発行５万分の１地形図，防府を使用）

の河口には大きな入江が形成され、その入江の入口には、向島《むこうじま》、田島という二つの島が位置していて、あたかも防波堤のような役割を果たしていたことになる。

中世には、この入江で少なくとも三つの港が機能していたと考えられる。義満らの一行が着船した三田尻《みたじり》は、もっとも東側に位置する港で、そこは「詣記」が記すように国府の南方にあたる。おそらく古くは、周防国の国津の役割を果たしていたものと思われる。また、佐波川の河口にもっとも近いところには、東福寺領上《かみ》・下得地保《しもとくじのほ》（山口県徳地町）の倉敷地にあたる伊佐江津があった。上・下得地保は、佐波川の上流の山間部を荘域とする荘園で、上得地保は鎌倉時代から東福寺領と見え、下得地保は、はじめは東大寺の知行する国衙《こくが》領であったが、暦応《りゃくおう》二年（一三三九）に足利尊氏《たかうじ》が東福寺造営料所として寄進した（「東福寺文書」）。伊佐江津は、得地保の貢納物を佐波川の舟運《しゅううん》を利用して運び出すのにつごうがよく、東福寺はここに倉敷を置いて佐波川舟運と瀬戸内海運の結節点としたのである。佐波川を下ってきた貢納物は、ここで瀬戸内海の運送船に積み替えられて京都まで運ばれたのであろう。

これらとは別にもう一つの港として宮市の津があったことが史料上から確認できる。宮市は、松崎天満宮の門前に開かれた市場である。鎌倉末期成立の「松崎天神縁起絵巻」にすでに鳥居の前に並ぶ店舗らしき板葺《いたぶ》きの小屋が何軒か描かれているからその起源は古いが、本格的な町場が見られるようになるのは、十五世紀半ば以降である。最初は天満宮の管理下にあったが、しだいに大内氏の影響力が強まり、戦国期には、大内氏配下の兄部《このこうべ》氏を中心にして、佐波川流域に成立した地域経済圏の核＝地域市場としての役割を果たすようになる（鈴木敦子「中世後期における地域経済圏の構造」『日本中世社会の流通構造』）。

その宮市に、天満宮が任命権を持つ市目代《いちもくだい》という役職があって、宮市に荷揚げされた物資から津料を徴収していた。津料というからには付属の港があってそこで宮市で商う物資の搬出・搬入が行われていたにちがいない。港の位置については定かではないが、宮市が佐波川流域の地域市場としての役割を果たしていたことを考えると、同川沿いに開けた港であったはずである。佐波川の旧流路が天神山あたりから南流して伊佐江津に達するものであったとすれば、伊佐江津を少し上流に遡ると宮市の西端あたりに達するはずであり、どこかそのあたりに宮市の津が所在していたと推測しておきたい。

三田尻の景観

さて、佐波川河口の大規模な入江とそこに面する三つの港の存在について述べてきたが、義満一行の上陸した三田尻に話をもどすことにしよう。

「詣記」も「下向記」も三田尻周辺の景観についてはかなりの筆を費やしているが、これについては、もう一つの別の史料をも参照することができる。それは「詣記」の筆者である今川了俊が一八年前の応安四年（一三七一）に九州探題の任につくために瀬戸内沿岸を九州に下ったときの旅の記録である「道ゆきぶり」（『群書類従《ぐんしょるいじゅう》』巻三三三）である。この時の了俊の旅は陸路の旅であったが、九月二十四日に「周防の国府」に着いて周囲の様子を興味深く書きとどめている。この「道ゆきぶり」をも加えて中世の三田尻周辺の景観を見てみると、まず入江の様子については「下向記」が詳細である。

てうはう（眺望）いはんかたなし、南ハまん〳〵たる海上にむか（向）ふの嶋とて中間一里はかりなる小嶋あり、浦のと（外）山東西興（沖）まで出まハり、嶋の両方いり海のことし、ひんかしをハ

りうか口、西をハおとまりといへり、今度の御船ハりうか口にそつけらる、

御所が設けられた高洲から見て南一里ほどの所に向島《むこうじま》があって、東西が沖に向かって突出し、島の両端が入江の入口になっているというのは現在とほとんど変わらない景観である。さらに向島の東の入口を「りうか口」（龍ヶ口）、西の入口を「おとまり」（『神道大系文学篇五　参詣記』は「せとまり」となすが、『山口県史史料編中世1』に従う）というとしているが、これも現在の東の入口の対岸に龍ヶ崎、西の入口の近く田島の一角に小泊の地名が残っているのに対応している。義満の一行は東側の龍ヶ口から湾内に入った。同じ景観を「道ゆきぶり」は、「東西に山さしめぐりて、其前に嶋あり、西ひんがしのあはひに二のわたり有て、舟ども是を出入なめり」と表現している。

向島の北方は広大な入江であるが、そこは海面ばかりでなくかなりの部分に干潟が広がり「入海と見えしたかす（高洲）といふ嶋との間、さながらひかた（干潟）にて」（「下向記」）という状況であった。したがって、御座船のような大船は湾内奥深く入ることはできず、「はし船」（端船か）に乗り移って海岸近くまでこぎ寄せ、干潮を待って輿《こし》や徒歩で上陸しなければならなかった。このような状況は、三田尻周辺ばかりでなく、田島の北方あたりでも見られたようで、「道ゆきぶり」には、国府を出発して西へ向かうにあたって「ひがたの路」

を進んだと記している。その干潟の海岸の所々では、「しほ屋のけぶり」が風にたなびいていて、しきりに製塩が行われていた。先にも述べたように、近世以降旧佐波川の河口周辺は大規模に埋め立てられ、次々と「開作」と呼ばれる新田や塩田が造成されていくが、その前提にはこのような遠浅の干潟の存在があったのである。

沿岸部の様子については「道ゆきぶり」が詳しい。

北のいそぎはに人の家ゐありて、爰《ここ》を国府と申也、猶《なお》北のみ山にそひて南向に天神の御社たてり、御前の作道は廿余町計はまばた（浜端）までみえたり、其うちに鳥居二立り、みたらし川の路にそひて流てけり、橋などかけたり、そのにし南にさしむかひて一重なる松山の侍るをくは（桑）の山とぞいふ、ふもとに松原とをくなみ立て、あたりはかたはまとてしほやく所なり、

海岸線沿いに民家が集まっていて、そこが国府の町であること、北の山沿いに松崎天満宮が鎮座していることなど、港との位置関係が的確に表現されている。また天満宮から南にのびる「作道」が二〇町ほどで海岸に達し、桑山の麓の遠方に松原があって波に洗われているとの記述は当時の海岸線を考えるうえで重要である。

三田尻の高洲の浜で大内義弘の歓待を受けた義満の一行は、翌十四日に三田尻を出港し

てさらに西下を続けたが、西風にあって向島へ引き返した（「下向記」は高洲へ戻ったと記す）。翌十五日にも再び大風にあい、出港後五里（「下向記」は七里）ばかり進んだ「赤崎という浦」から引き返して田島に停泊した。赤崎については諸説があるが、向島（あるいは高洲）から五里、あるいは七里進んだところというのであるから、宇部、小野田の周辺と考えられ、小野田に赤崎、赤崎神社などの地名があるので、いちおうその地に比定しておきたい。結局、義満の一行は強い西風のために宇部岬（宇部市）、本山岬（小野田市）の沖を越えることができなかったのではないであろうか。はるか昔に遡るが、天平八年（七三六）の遣新羅使《けんしらぎし》の一行も「佐婆の海中《わたなか》」（防府の沖）で逆風にあってこの海域を越えることができず、豊前国分間浦《わかまうら》（大分県中津市付近）に吹き寄せられてしまっている（『万葉集』巻一五）。

帰路のコース

義満の一行は、評議の結果、ここから引き返すことに一決し、いったん三田尻の高洲に戻ったのち、十八日に帰路についた。復路のコースは往路とほとんど同じであるが、ひとつだけ大きく相違するところは、竈戸関《かまどのせき》（上関《かみのせき》）から広島湾のほうへまわらないで、周防大島（屋代島）の南岸を通り、防予諸島をぬけて直接蒲刈島《かまがり》など芸予諸島に向かった点である。このコースは、厳島や広島湾を経由していくコースに比べて距離は大幅に短縮されるが、そのぶん伊予灘や安芸灘など島陰の少ない海域を通過していかなければならない。近世以降にはもっぱらこの航路が利用されるが、中世にも厳島に立ち寄る必要がない場合にはこのコースが利用されることもあったのであろう。そしてその歴史はかなり古い。

たとえば、鎌倉末期の元応期（一三一九～一三二〇）に幕府が西国の悪党・海賊を取り締まるために海上警固所を設置したとき、設置場所の中に、安芸国亀頸《かめがくび》や伊予国忽那島《くつなじま》が含まれていたことが明らかにされている（網野善彦「鎌倉幕府の海賊禁圧について」『悪党と海賊—日本中世の社会と経済—』）。前者は、広島県倉橋島の東端の亀ヶ首に、後者は、防予諸島中央部の中島に比定されるから、警固所が、両地を結ぶ安芸灘を航行する船舶を監視する目的で設置されたことはまちがいない。とすれば、すでにこのころには防予諸島、安芸灘コースが航路として成立していたことになる。

念のために義満一行のコースをたどっておくと、三月十八日に竈戸関で大内氏や伊予の守護河野氏の拝謁《はいえつ》を受けたあと、十九日にそこを出発し、屋代島（周防大島）南岸の横見（山口県大島町）、出井《いずい》（同）、秋（橘町）、船越《ふなこし》（東和町）などの沖を東進した。そのあと「詣記」は、此南のかたにあたりて、伊予国まさき《（松前）》、かふろ《（家室）》、いほた《（伊保田）》、うのうらのせと、ふたかみ《（二神）》、まさかりのせと、いしかみのせと、ぬわ《（怒和）》、くつな《（忽那）》、つわ《（津和）》などいふ所には、嶋々いくらも四方にならびたり、

と記している。実際に経由した地点と遠望した場所の区別が定かではないが、周防国屋代《やしろ》島、伊予国二神《ふたがみ》島、怒和《ぬわ》島、忽那《くつな》島（中島）などが連なっている防予諸島をぬけていったのはまちがいないであろう。その日は二五里もこぎ進んで、安芸国蒲刈島近くの黒島沖に停泊した。「下向記」はカマドの関を出港したのが辰《たつ》ノ刻（午前八時）で、蒲刈の沖に着いたのが寅《とら》ノ刻（午前四時）だと記しているから夜を徹して航海を続けたわけである。

このあと一行は、安芸国忠海《ただのうみ》（竹原市）、備後国尾道、讃岐国宇多津、備前国牛窓と泊を重ね、播磨国室の泊で上陸して三月二十六日に京都に帰着した。

朝鮮使節宋希璟

厳島参詣が目的ではないが、義満の旅から三〇年ほどのちの応永二十七年（一四二〇）に瀬戸内海を旅した朝鮮使節宋希璟の旅についても触れておきたい。応永二十六年にいわゆる応永《おうえい》の外寇《がいこう》がおこって、室町幕府は朝鮮の真意を探らせるために使節を派遣したが、宋希璟は、帰国する日本使節とともに日本回礼使として渡航してきた李氏朝鮮の官人である。彼は復命後『老《ろう》松《しょう》堂《どう》日《に》本《ほん》行《こう》録《ろく》』（以下『行録』

と略記する）と題する紀行詩文集とでもいうべき書物をまとめたが、そのなかには瀬戸内海を往復した際の見聞も数多く漢詩文によみこまれている。

『行録』によると宋希璟の船旅のコースは、義満のそれとほとんど変わらないが（三一ページ図7参照）、筆まめな彼が漢詩の中によみこんだ瀬戸内海の浦々島々の景色や、遭遇した海賊についての記述は、室町期の瀬戸内についての貴重な記録である。ここでは朝鮮官人の見た瀬戸内の海賊の姿を追ってみたい。ただその際注意しておかなければならないのは、当時倭寇《わこう》に苦しめられていた朝鮮からの使節であり、しかも倭寇をめぐる日朝間のトラブルである応永の外寇の直後ということもあって、宋希璟が倭寇や海賊に対してきわめてナーバスになっているということである。端的に言えば、宋希璟は、瀬戸内海で出会った不審な船や人物はすべて海賊にしてしまっているようなところがある。そのようなことをいちおう念頭におきつつ、宋希璟の記述をたどってみることにしよう。

三月三十日、赤間関《あかまがせき》を出港した一行は、逆風にあって赤間関対岸の「短于羅浦」（田野浦、北九州市門司区）に吹き戻されたが、宋希璟に言わせればここが「海賊の居所」（以下引用は村井章介校訂『老松堂日本行録』岩波文庫による）であった。案の定夜中に小船が寄ってきたが、護送船を見て引き返した。またその夜、随行の官人が山上で「凶人」の相呼応する声が聞こえるというので、衣も解かず、眠りにもつかずにいたが、朝になってみると山上の声というのは、実は人の声ではなく雉《きじ》の鳴く声であることがわかった。一行の心理状態をよく伝える記述である。

四月二日には黒石西関（上関）を過ぎたところで大風にあい、船は南に吹き流されて「唐加島」という小島に停泊したが、その途中の航路の周辺は「海賊の聚居《しゅうきょ》」で、上下色を失ったという。「唐加島」の位置が定かではないので、その「海賊」が何者であるかを特定することはできないが、防予《ほうよ》諸島の東寄りを拠点とする忽那一族である可能性が高いように思われる。

海賊との遭遇

その恐れていた海賊に実際に遭遇したのは翌日、「唐加島」から「多可沙只」（高崎、広島県竹原市）に向かう途中である。同行の官人が、前回に使者としてやってきたときにこの海域で海賊と出会い、船に積んでいた礼物から食料・衣服にいたるまで奪われたという体験談を話したので、早くから恐怖心を抱いていたが、あにはからんや、突然小船が島陰から現われて近づいてきた。船は、「疾《と》きこと箭《や》の如《ごと》し」で、船中に人が密集すること「麻《あさ》の如し」であった。海賊たちは「鼓を撃ち旗を張り角を吹き鉦《かね》を鳴らし、甲《かぶと》を被《かぶ》り、弓を執《と》りて立つ」という有様であった。宋希璟も甲を着けて一戦の覚悟をしたが、まもなく二艘の僚船が接近してきたので、賊船はそのまま去っていった。突然島陰から現われて矢のような早さで接近し、敵船が手強《てごわ》いとみるとさっさと立ち去っていく海賊の行動パターンがよく表れている。

宋希璟が「望めば烏《からす》の頭の如き」石島があると記すこの海域がどこかはっきりしないが、防予諸島周辺の「唐加島」から安芸高崎に向かう途中であること、後述するように一行が復路において同じコースを通ったとき、「可忘家利」（広島県蒲刈島《かまがり》）で海賊に出会ったことなどを考慮に入れると、この場合も上・下蒲刈島の周辺である可能性が高い。

このあと宋希璟一行は、高崎、小尾途津（尾道）、都毛梁（鞆、広島県福山市）、胃比（日比、岡山県玉野市）、「無潞」（室津）をへて四月十五日には「牛澹」に停泊した。「牛澹」の比定については、「無潞」との位置関係を作者の勘違いとして牛窓と考えることもできるが、帰路にはこの地については「牛窓」と正しく表記しているので、若干苦しいところがある。ここではいちおう村井章介氏（岩波文庫本）が中村栄孝説をとって魚住（兵庫県明石市）としているのに従っておきたい。宋希璟はここをも「海賊聚居の地」としている。

宋希璟の一行は、兵庫津から上陸して京都に向かい、京都での任を終えたあと、七月三日に再び兵庫港から船出して帰路についた。そして七月七日に「下津」（下津井、岡山県倉敷市）の港に向かう途中、日没後に一艘の船が近づいてきた。いかなる船かと問うと、「魚を捉うる船なり」と答えたが、船中には多くの人が隠れひそみ、「逡巡」してなかなか立ち去ろうとしない。乗組の人々は皆海賊だと思って色を失ったが、やがて護送船がやってきてことなきを得た。また次の停泊地「小尾途津」（尾道）に停泊しているときには、海賊船一八艘が集まって一行の船を待ち受けているとの情報がはいって人々を不安がらせた。

蒲刈島の海賊

尾道にしばらく滞在したあと、「海賊の居する」高崎を過ぎ、蒲刈に停泊したが、ここで出会った海賊については、宋希璟はことのほか多くの筆を費やしている。そのなかでも特に注目すべきは、瀬戸内海には東西の海賊があり、「東より来る船は東賊一人を載せ来たれば則ち西賊害せず、西より来る船は西賊一人を載せ来たれば則ち東賊害せず」という海賊の不文律《ふぶんりつ》があるという記述である。ここには、瀬戸内海を東西に二分した海賊のナワバリの存在、そのナワバリを前提とした海賊の上乗りのあり方等がよく示されている。同行していた博多の豪商宗金は、銭七貫文を払って東賊一人を雇っていたが、その東賊がさっそくこの海域の西賊のもとに出向いて話をつけたので、宋希璟は蒲刈の海賊とさまざまな交流を持つことになった。

宋希璟たちの船が島に近づくと島の「男女老小」が小船でやってきて、船内を見ることを請うた。宋希璟はこれを許したばかりでなくそのなかの「魁首《かいしゅ》の一僧」と「与《とも》に言《かた》り、欣然《きんぜん》として酬答《しゅうとう》」した。それまでは海賊を恐れてばかりいた宋希璟の鷹揚《おうよう》な応接も興味深いが、彼が海賊の「魁首」とする一僧が、朝鮮語を解して宋希璟と平然と言葉を交わしていることも注目に価する。これは、瀬戸内の海賊と朝鮮との交流がすでにこの時期から活発に行われていることを示しており、応仁元年（一四六七）から翌年にかけて、「観音現象」（朝鮮王朝の世祖がある寺に行幸した時観音菩薩が姿を現わしたという）を賀すと称して、多くの瀬戸内の海上勢力が朝鮮に遣使していることなどもあわせて、瀬戸内と朝鮮との交流について考える際の一つの手がかりを提供しているといえよう。

海賊の「魁首」から、下船して茶を飲みに来るように誘われた宋希璟は、海賊の住居を見ることに好奇心を示したが、部下にとめられて思いとどまった。また宋希璟は、日本語を解する部下に、海賊たちが交わしている言葉を密かに聞き取らせたが、それによると、朝鮮の船は「銭物」がないが、あとから来る琉球船は多くの宝物を積んでいるからそちらのほうを奪おう、と話していたという。

その後宋希璟の一行は、「黒石西関」（上関）から「軍多湾」（下松）に向かう途中でも海賊に遭遇した。七月二十三日夜半に一行を追い越していった三艘の船が明け方になって突然引き返し、あたかも一行の船を待ちうけるように帆を落として徘徊《はいかい》しはじめたのである。一行は、小船を出して護送船を呼びにやると同時に、いつものように「甲を被り弓を執り旗を張り錚を鳴ら」して戦いに備えた。また小船を出して近くの島から石を拾って積み込ませた。戦いの際の投石に使うのであろうか。結局ここでも護送船がやってきて三艘の海賊船はいずこへともなく去っていった。

このように宋希璟は、さまざまな海域での海賊との接触・交流を詳細に報告している。先にも述べたように宋希璟が記すところの「海賊」のすべてが、ほんとうに本書でいうところの海賊であるか疑問なしとしないところもあるが、それを差し引いたとしても、その記述が、室町初期における海賊の「聚居」する海域や海賊の行動の仕方について貴重な情報をもたらしていることはまちがいない。

モノ・人を運ぶ旅

中世の瀬戸内海は、物流の場でもあった。荘園公領制《しょうえんこうりょうせい》の時代には、塩をはじめとする多様な荘園年貢が都の荘園領主のもとに運ばれた。これを運んだのは、荘民のなかから選ばれた梶取《かんどり》と呼ばれる操船技術者であった。やがて貨幣経済の進展にともなって年貢が商品へと性格を変えると、専門の海運業者としての船頭の活動が見られるようになる。

中世の瀬戸内海をもっとも頻繁に行き来したのはこれら梶取や船頭たちであったと思われるが、彼らは高倉院《たかくら》や足利義満《あしかがよしみつ》のように旅の記録や紀行文を残したりはしない。したがって彼らの旅の様子を復元するのはなかなか容易ではないが、断片的な史料をつなぎ合わせながらそのような試みに挑戦してみよう。

梶取の年貢輸送

塩の荘園

平清盛《たいらのきよもり》の父祖たちが瀬戸内海の海賊追捕《ついぶ》に功績をあげ、平氏《へいし》台頭の基礎を固めていたころ、同じ瀬戸内海ではもう一つの大きな動きが見られはじめていた。それは、瀬戸内海の世界にもようやく荘園化の波が押し寄せてきたことである。一般に日本の社会のなかで荘園化がもっとも進んだのは十二世紀後半の鳥羽院政期だとされているが、瀬戸内海においても、この前後から史料上に姿を見せはじめる荘園の例が一挙に増大する。

そのような荘園の一つに、伊予国弓削島荘《ゆげしま》がある。弓削島荘の故地弓削島（愛媛県弓削町）は、愛媛県と広島県の間に点在する芸予《げいよ》諸島の東端に位置する、面積八・八平方キロほどの小島である（三一ページ図7参照）。陸上交通になれた現代人の目から見れば、瀬戸内海中の一離島にすぎないが、海上交通の活発であった中世を考えてみると、水運には都合のよい地理的位置を占めていたことがわかる。弓削島を出発して北に向かえば、山陽側の要港尾道や鞆《とも》にいたることができるし、進路を南にとれば、伊予国の島づたいに伊予国府の地今治《いまばり》に着くことができる。また東方に向かえば、備讃《びさん》瀬戸を抜け、播磨灘を過ぎればまもなく大坂湾であるから、京都への道のりもさほど遠いものではない。

弓削島が荘園化されたのは、平安時代末期のことである。はじめ後白河《ごしらかわ》上皇が本家職を有する長講堂領の一つであったが、のちに上皇の皇女宣陽門院覲子《せんようもんいんきんし》内親王の領するところとなった。その後宣陽門院は、延応元年（一二三九）に供僧供料《くそうくりょう》荘として他のいくつかの荘園とともに弓削島荘を東寺に寄進した。こうして東寺領弓削島荘が成立し、東寺の支配に曲折はあったものの、これ以後室町時代まで東寺領の時代が続くことになる。

このような地理的環境と伝来の事情を有する弓削島荘は、「塩の荘園」としてその名が知られている。それは、瀬戸内海が古代以来の塩の生産地であり、弓削島荘も長年にわたって多くの塩を生産し、京都の荘園領主のもとへ送り続けたからである。ここでは、弓削島荘の塩年貢の輸送にかかわった人々の姿を見てみることにしよう。

梶取と水夫

鎌倉時代には、弓削島荘で生産された塩は、大部分が年貢として現物のまま京都の荘園領主東寺のもとに送られた。その額は、年によるばらつきもあるが、年間最低七四石から最高二七八石に及ぶ。それらは次のような年貢の送り状に従って輸送されるのが普通であった。

（端裏書）「弓削嶋御年貢送文 文永十一 八廿七到来
雑掌先進銭方立用分」

弓削嶋当年御年貢大俵塩送文の事

　合大俵塩佰陸拾伍（百六十五）俵内者

　　車力拾伍（十五）俵者

正大俵塩佰伍拾（百五十）俵者

右、梶取平延永に附して運上、先進御公用分、当雑掌御口入に随って、左衛門入道の方送り遣すの状件の如し

文永十一年七月廿五日　　預　（花押）

公文

御使（花押）

（「東寺百合文書」と函）

これによって、文永十一年（一二七四）七月、現地の荘官であった預所《あずかりどころ》や公文《くもん》が、大俵塩一六五俵（大俵一俵は五斗に換算されるから八二石五斗になる）を都に送ったことがわかる。このとき運送の責任者になったのが梶取《かんどり》平延永《たいらののぶなが》である。梶取というのは、このころ年貢物の海上輸送をまかされた者の呼び名である。平延永については、この他に年貢の免除を訴えた文書が残されており、これから考えて、荘内の有力農民であったことが推測される。平延永のほかに一二名の梶取を史料上で確認することができるが、いずれも名《みょう》主《しゅ》級の有力農民であった。彼らはおそらく、小百姓のなかから徴発されたに違いない水夫《かこ》とともに船に乗り込み、年貢塩を積み込んだ船を操って瀬戸内海を渡っていったのであろう。

年貢輸送の旅

梶取や水夫が乗り組んだ船についての詳細はわからない。ただ参考になるような例が当時の絵画史料のなかに残されている。時宗の開祖一遍の生涯を描いた『一遍聖絵《いっぺんひじりえ》』の一場面を示した図10がそれである。これは、一遍の死後その跡を慕って入水《じゅすい》する人々を描いた場面であるが、そこには沖合を行く一艘の年貢輸送船が描かれている。

船底部に刳船《くりふね》を用い、その上に棚材を付けた小型の準構造船で、一本の帆柱と、艫《とも》に箘

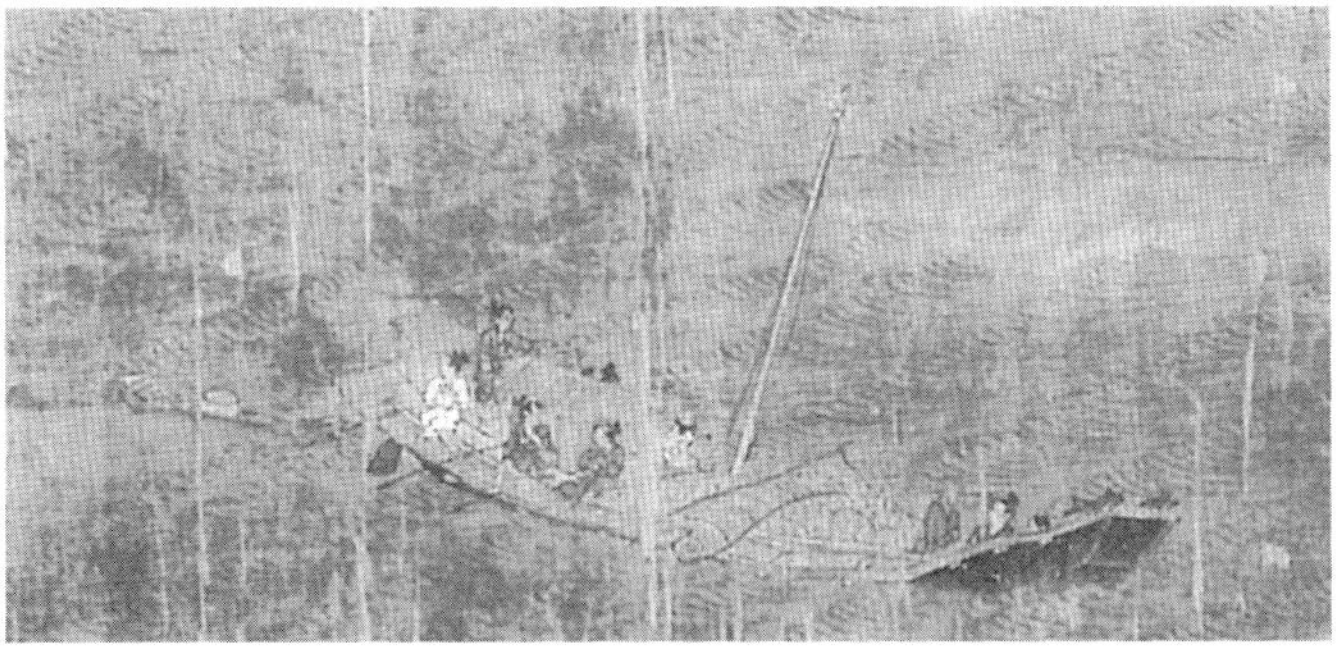

図10　『一遍聖絵』に描かれた年貢輸送船（清浄光寺・歓喜光寺所蔵）

単な屋形を備えている。乗り組んでいるのは、六人の水夫と一人の梶取らしい人物である。船の前部には俵づめされた年貢物資が積み込まれ、その付近には同乗したらしい僧の姿なども見える。図3（一六ページ）に示した鎌倉期の大型海船、図6（二九ページ）に示した室町期の軍船とは大きく相違するが、このような船が当時の一般的な年貢輸送船だったのではないだろうか。

塩を積み込んで島を出発した船は、おそらくまず、船首を北にとったにちがいない。そして、当時すでに高野山領備後国大田《おおた》荘の倉敷地（荘園物資の積出港）としてにぎわっていた尾道か、あるいは、内海航路の重要な中継港となっていた鞆（広島県福山市）に向かったものと思われる。そこから、山陽沿岸を東進していったと推測されるが、その間、どこに寄港したかなどの航海の詳細はわからない。おそらく、備讃諸島をぬけ、播磨灘《はりまなだ》を横切り、大坂湾に向かったであろう。つまり、厳島参詣《いつくしまさんけい》の船旅をした高倉院や足利義満の一行と、ほぼ逆のコースをとったことになる。しかし、多くの水夫を擁した大型船による船旅とは違って、年貢輸送船に乗り組んだ梶取たちには、いろいろなところで苦難が待ちうけていた。たとえば、芸予《げいよ》諸島海域や備讃諸島海域に比べて島影の比較的少ない播磨灘は、瀬戸内海を航海する船にとって難所のひとつであり、海難が頻発した。

弓削島の塩年貢を運んだある輸送関係者は、みずからが遭遇した播磨灘での海難について次のように述べている。

この塩は、播磨なだにて百余艘の船大風に逢ひ候、皆方々の御年貢米塩、皆ぬらして候事、その隠れなく候、しかして、この十二俵はぬれたる分にて候、すでに船をも損ずべく候処大師三宝の御はからひ候ひけるやらん、此一艘ばかり子細なく候き、(「東寺百合文書」シ函)

つまり、播磨灘の沖で「百余艘」の船が大風にあって、皆積荷の塩を湿損してしまった。そのなかで、自分の船だけは大師三宝のはからいによるのであろうか、一二俵の塩を湿損するだけですんだ。したがって、この一二俵の損失分についてはなんとか年貢を免除してほしい、というのである。これは、たまたま史料上にあらわれた海難の例であり、しかも、人命も失われず比較的軽微の被害ですんだのであるが、実際には、記録にあらわれない、もっと悲劇的な海難があったであろうことは想像に難くない。

このような海難を頻発させる理由のひとつとして、塩の積出し時期の問題があるかもしれない。弓削島荘関係の年貢送り状を月別に整理してみると、年貢の積出しが、七月から十二月にかけての秋・冬に集中する傾向があることがわかる。おそらくこれは、天候の面で製塩に適した春・夏に焼き出された塩が、秋・冬になって集中的に積み出された結果であると思われる。しかし、このことが、台風や季節風によって、必要以上に彼らの航海を危険ならしめ、場合によっては、海難に遭遇することにもなる原因をつくったことはまちがいない。

年貢輸送にあたる梶取たちが海難とともにおそれたのはやはり海賊である。弓削島の梶取が直接海賊に出会ったことを示す史料は見当らないが、東寺が預所に下した命令文書のなかに、梶取の年貢未進は認めないが、「入海、海賊」は不慮の災難として特別扱いする旨の文言が見える（「東寺百合文書」な函）。海賊との遭遇が、海難とともに大きな危険の一つであったことがわかる。

さて、播磨灘の難所を無事通過した年貢輸送船は、明石海峡をぬけて大坂湾に入り、摂津国渡辺（大阪市）から淀川をさかのぼっていくことになる。淀川の川口に位置する渡辺には、鎌倉末期に関所が設けられたが、その渡辺関で、弓削島塩をめぐるトラブルが生じたことがある。すなわち、徳治二年（一三〇七）、本来、関銭を免除されていたはずの弓削島の年貢塩に、関の役人が関銭を課したのである。おそらく役人が、年貢塩を「売買物」（商品）と誤認した結果であろう。東寺はさっそく、弓削島塩は「不売買物」（非商品）であることを申し入れてことなきをえたが、このようなトラブルが発生したのは、この渡辺関が、もっぱら商品に課税する関所だったからである。この時期渡辺関を管理していたのは、京都八坂の法観寺《ほうかんじ》である。法観寺は前年の徳治元年に幕府から、兵庫・一洲・渡辺三関での徴税権を与えられたが、それは商船目銭《もくせん》と呼ばれる、商品に課税する権限であった。鎌倉時代の関所においては、年貢物に課税する升米《しょうまい》（一石につき一升の課税であるところからこの名がある）などが一般的であったが、鎌倉末期になると、年貢の商品化がすすみ、それへの課税が行われるようになったものと思われる。渡辺関で弓削島の年貢塩がきびしくチェックされたのは、商品塩を年貢塩と偽って関銭を免れようとする船があったからであろう（新城常三『中世水運史の研究』）。

「鳥羽の車力」

渡辺関を出て淀川をさかのぼると、江口を過ぎ、離宮八幡宮のある大山崎を経て、まもなく淀に到着する。ここは、平安時代以来、大規模な魚市のおかれたところであり、瀬戸内海の海産物の多くは、ここで取引された。ここでも弓削島塩の取扱いをめぐって興味深い話が伝えられている。すなわち、正応五年（一二九二）十月に弓削島の問丸が東寺にやってきて話したところによると、去年の弓削島の塩年貢は、去る正月、備後弥源次という人物によって淀に運送されてきて売却された。その時の価格は一俵二〇〇文であったが、これを京都の七条坊門に住む塩屋商人が買い取った。ところが、その商人は二、三日後にこれを一俵四〇〇文で売った、というのである（「東寺百合文書」と函）。当時の塩の価格がわかるとともに、塩の商品性をよく伝えるエピソードといえよう。

船積みされていた塩は淀で陸揚げされる。そしてそこからは、「鳥羽《とば》の車力《しゃりき》」によって、車で京都へ運ばれるのが普通であった。「鳥羽の車力」というのは京都の南郊鳥羽の地に拠点をおく陸上運送業者である。「鳥羽の車力は百俵に拾俵相違無きもの也」といわれ、その運送費は、だいたい運送料の一〇％が相場であった。前掲送り状に「車力拾伍俵」とみえているのがそれである。一六五俵のうちの一五俵であるから、ここでも約一〇％の運送費をとられていることがわかる。したがって、一六五俵送っても、実際に荘園領主の手元に届くのは、運送費を除いた一五〇俵ということになる。こうして鳥羽の車力によって京都へ運び込まれ、弓削島塩の長い旅も終わりを告げるのである。

この間いったいどのくらいの日数がかかったのであろうか。それについては、前掲送り状が明白な手がかりを残している。すなわち、端裏書《はしうらがき》に「文永十一　八廿七到来」とあるのがそれである。端裏書というのは、この文書を受け取った東寺の関係者が、メモとして書いたものであるから、七月二十五日に発送された送り状が八月二十七日に東寺に届いていることになるのである。このような例は、ほかにもみることができる。文永三年（一二六六）八月十六日に梶取重延によって送進された塩年貢は、九月十六日に到着しているし（「東寺百合文書」リ函）、建治二年（一二七六）九月十九日、梶取近長によって送進された塩は、十月十三日に到着している（「同」う函）。とすると、弓削島塩の旅は、ほぼ一ヵ月程度だったといえそうである。先の高倉院の厳島への旅が、途中、陸路を含むとはいえ、ほぼ八日で、足利義満のそれが、実質六日間であったのと比べると、ずいぶんと長い船旅であった。

船頭たちの活動

船頭太郎衛門

室町時代になって年貢の商品化が進み、瀬戸内海における物資の流通がいっそう進展すると、専門の海運業者としての船頭の活動が見られはじめる。荘園公領制《しょうえんこうりょうせい》のもとでもっぱら年貢輸送に従事した梶取《かんどり》にかわって商品化した物資輸送の担い手となった彼らこそ、中世後期の瀬戸内海の主人公であった。室町時代の船頭についてもっとも多くの情報を伝えているのは、なんといっても、故林屋辰三郎氏がその大部分を見出された「兵庫北関入船納帳《ひょうごきたせきいりふねのうちょう》」であろう。同帳は、文安二年（一四四五）の一年間に東大寺領兵庫北関（神戸市）に入船した船舶一艘ごとに、船籍地、関銭額、積荷、船頭、問丸《といまる》などを記したもので、これによって室町中期の瀬戸内海における船舶の動きを細部にわたってまで捉えることが可能になった。船頭に関しても同様で、どこを本拠にした船頭が何を積んでどのような水運活動を展開しているかを見ることができる。ここではそのような例の一つとして先の弓削島《ゆげしま》荘の故地弓削島を拠点にして活動した船頭を取り上げてみることにする。

弓削島に籍を置く船は、「兵庫北関入船納帳」には、二二六回の入関が記録されている。これは百に余る同帳記載の船籍地のうちで二〇位以内にはいる数値で、弓削島は、室町中期の瀬戸内海水運においては上位に位置する船籍地であったといえる。弓削籍船の船頭としては、九名の人物を数えることができるが、そのなかの代表的な人物は、一年間に七回の入関実績をほこる太郎衛門《たろうえもん》である。「入船納帳」から彼に関する記録を拾い出してみると、次のようになる。

[入関月日]	[積　荷]	[積載量]
二月九日	備　後	一五〇石
三月二十三日	〃	一五〇石
五月十五日	〃	一七〇石
七月十六日	〃	一六〇石

九月四日　〃　一六〇石
十月八日　〃　一七〇石
十一月九日　〃　一七〇石

積荷として見える「備後《びんご》」というのは、塩のことである。弓削島の例をまつまでもなく、備後・安芸・伊予三国にまたがる芸予諸島は、古くから製塩の盛んな地域であったが、その周辺で生産された塩は当時「備後」という地名表示で呼ばれていたようである。このような太郎衛門の活動実績を見て気のつくことは、まず第一に、年間を通じてほぼ定期的に兵庫北関に入関しているという事実である。これは、かつて鎌倉時代に、梶取が百姓仕事の合間をぬって年一回の年貢輸送に従事していたのとは大きく様相を異にしている。定期的に伊予近海と京・大坂の間を行き来する専門の水運業者としての側面がよくあらわれている。

次に、そのような太郎衛門の積荷がすべて備後＝塩で統一されている点も興味深い。このことは、専門の水運業者とはいっても、太郎衛門の活動が弓削島周辺の塩の生産地と切り離せない関係にあることを示している。また、積荷の額が一五〇～一七〇石とほぼ一定しているのも注目に価する。これは、太郎衛門の船の積載能力を示しているとみてさしつかえないであろう。

弓削島の太郎衛門はいわば貨物船の船頭であったが、室町期には、「人船」＝客船の運航も見られるようになる。前記「兵庫北関入船納帳」とは

客船の運航

別に、畿内方面からの下り船に対して税を課した記録も東大寺に残されていて、それには「人船」の注記を有する船舶も記されている（今谷明「兵庫北関雑船納帳」『兵庫史学』七〇号）。それらの船籍地は、堺（大阪府堺市）、牛窓《うしまど》（岡山県牛窓町）、引田《ひけた》（香川県東かがわ市）、岩屋（兵庫県淡路町）などである。詳細は不明ながら室町時代にはかなりの客船が瀬戸内海を航行していたことが推測される。そして戦国時代にはそれがさらに活発になったはずで、その具体的な姿を、天文十九（一五五〇）年から翌二十年にかけて瀬戸内海を旅した京都東福寺の僧梅霖守龍《ばいりんしゅりゅう》の記録「梅霖守龍周防下向記」に見ることができる（拙稿「ある禅僧の見た瀬戸内海」赤松憲雄他編『いくつもの日本Ⅲ　人とモノと道と』）。

守龍は、天文十九年の九月二日に京都を発ち、十四日に堺津から出船した。乗船したのは、「塩飽《しわく》の源三」なる人物の所有する一一端帆《たんほ》の船であった。そこに三百余人の乗客が乗り込み、「船中は寸土なき」状態であったという。ほんの短い記述であるが、ここにはこのころの瀬戸内の船旅についての重要な情報がいくつか含まれている。一つは、船頭源

三の本拠、すなわちこの船の船籍地が塩飽（香川県丸亀市本島）であったという点である。塩飽はのちにも触れるように備讃瀬戸海域の重要な港であるが、同時に水運の基地でもあった。前記「兵庫北関入船納帳」には、塩・大麦・米・豆などを積み込んだ塩飽船が三七回にわたって入関していることが記録されている。これを見ても塩飽を船籍地とする船舶が、備讃瀬戸海域から畿内方面に向けて活発な水運活動を展開していたことが知られる。

源三の船は、三〇〇人を収容することが可能な一一端帆の船であった。一一端帆の船の規模がどの程度であるかははっきりしないところもあるが、石井謙治氏の示された積石数と筵帆《むしろほ》の関係表によると（『図説和船史話』）、九端帆が一〇〇石積、一三端帆が二〇〇石積程度であるということであるから、源三船は積載量に換算すると一〇〇～二〇〇石積の船であったことになる。

室町から戦国にかけての時期は、日本の造船史のうえの大きな画期で、商品流通の飛躍的な進展、遣明船《けんみんせん》派遣機会の増加などにともなって船舶が急激に大型化し、構造船化された一〇〇〇石積前後の船が登場する時期とされているが、その点では、源三船は従来型の中規模船ということになろうか。しかし、それにしては三〇〇人という乗客数は船の規模に比してやや多きに過ぎる感じもする。

塩飽の船頭源三のような人物は、このころ各地に見られたようで、守龍が帰路に利用した船の船頭「室の五郎大夫」などもほぼ同じ性格の人物と見ることができよう。室の泊《むろのとまり》（兵庫県御津町室津）については、先に高倉院一行の停泊地として触れたところであるが、室町期においても重要な港として機能していた。南北朝期の成立といわれる『庭訓往来《ていきんおうらい》』には、「大津坂本馬借」「鳥羽白河車借」などとともに「室兵庫船頭」が書き上げられていて、室が当時の人々に、兵庫とならぶ船頭の所在地として認識されていたことがわかる。室の五郎大夫は、このようなところを船籍地とする船頭の一人である。このとき守龍は、宮島から堺までの船賃として自身の分三〇〇文、従者の分二〇〇文を支払っている。

室・塩飽の船頭

このように当時瀬戸内海には、塩飽の源三や室の五郎大夫のように、水運の基地として発展してきた港を拠点にして広範囲に商船や「客船」を運航する船頭たちが数多く見られたが、彼らの船をもっともよく利用していたのは京都や堺の商人たちであった。彼らは南九州の日向《ひゅうが》・薩摩《さつま》から唐荷を堺まで運んで莫大な利益を得ていたが（「厳島野坂文書」）、その際に利用したのが、室・塩飽の船だったのである。梅霖守龍の帰国後の天文二十年九月に陶晴賢《すえはるかた》が主君大内義隆を攻め滅ぼしたことはよく知られているが、実権を握った晴賢は翌天文二十一年に、厳島で海賊衆村上氏が京・堺の商人から駄別料を徴収するのを停止させ、その見返りとして京・堺の商人たちに安堵《あんど》料一万疋（一〇〇貫文）を拠出することを要求した。

その交渉にあたった厳島大願寺の僧円海は、大内氏の家臣に対し、大内氏（陶晴賢）が海賊衆の駄別料徴収を停止したために賊船が多くなり、室・塩飽の船にたびたび「不慮の儀」が出来《しゆったい》し、京・堺の商人が迷惑しているという風聞があると述べている（「大願寺文書」）。京・堺の商人がもっぱら室・塩飽の船を利用しているからこそこのような事態になったものと思われる（新城常三『中世水運史の研究』）。このように、室・塩飽の船頭たちは、大内氏（陶晴賢）、海賊衆村上氏、京・堺の商人三者の複雑な三角関係の余波をかぶりながら、厳島近海で活動していたのである。

室・塩飽の船頭の活動は、戦国末期から織豊《しよくほう》期にかけてさらに活発で広範囲なものになるが、それについてはそれぞれのところで触れることにする。

キリスト教宣教師の旅

戦国末期から織豊《しょくほう》期のころに瀬戸内海を航行していった人々のなかに、当時活発に布教活動を行っていたキリスト教宣教師がいたことも見逃しがたい。彼らの航行の回数は、日本人のそれと比べると微々たるものにすぎないが、彼らの多くは自分が体験した珍しい瀬戸内の船旅のことをさまざまな機会に記録にとどめており、その記録の数は、日本人のそれをはるかに上回っている。その点からすれば宣教師の旅の記録は当時の瀬戸内海の諸相を知るうえでの貴重な史料でもある。

ここでは、それらをひも解きながら、宣教師の見た瀬戸内をみていくことにしよう。

なお、宣教師たちの布教の旅については、すでに松田毅一氏のすぐれた研究成果があるが（『キリシタン研究（四国編）』）、それを参考にしながら私なりにまとめてみたいと思う。

宣教師たちの船旅

表は、宣教師たちの船旅のうち航路についての記載のあるものを諸書から拾って年代順に並べたものである。これを見て第一に気のつく点は、彼らのとった航路が、これまでの多くの旅の記録に見られた航路とかなり異なってきているという点である。これまでは、部分的な相違はあっても基本的には山陽沿岸を航行していくのがもっとも一般的なコースであったが、宣教師たちは、特に西瀬戸内海においてはそのような山陽沿岸コースをあまりとっていないのである。天正元年（一五七三）にカブラルの一行が周防国岩国から乗船して宮島《みやじま》（厳島《いつくしま》）、安芸国川尻《かわじり》（広島県川尻町）、鞆《とも》を経て塩飽《しわく》に向かい、天正十四年のコエリュの一行が下関から乗船し、天正十八

宣教師たちの航路

たキリスト教宣教師

主要寄港地
豊後沖ノ浜―守江―宮島―堀江―鞆―室津―兵庫―堺―京都
豊後―堀江―塩飽―坂越―堺―京都
堺―豊後
下関―(山口)―岩国―宮島―川尻―塩飽―堺―京都
京都―兵庫―岩屋―塩飽―府内
豊後日出―守江―伊予の島―鞆―塩飽―室津―岩屋―兵庫―堺―京都
佐賀関―塩飽―日比―牛窓―室津―京都
下関―上関―塩飽―室津―兵庫―堺―大坂
堺―牛窓―三津浜―臼杵
小倉―下関―室津―京都

あるが、宣教師たちの使用した洋暦では1565年の1月にあたる。

年のヴァリニャーノの一行が下関を経由したりしているのが、従来の山陽沿岸コースをとったわずかな例である。このうち天正元年の場合は、山口を経由する必要からこのようなコースをとらざるを得なかったという事情があったから、実際には後者の二例のみということになる。

山陽沿岸コースをとらない場合、宣教師たちはどのようなコースをとったのであろうか。それは豊後国から四国西部の北岸伊予灘を乗り切って直接伊予へ達するというコースである(図11)。たとえば、永禄七年(一五六四)に豊後から京都へ向かったフロイス、アルメイダらの一行は、豊後を出港して伊予の堀江に着いているし、天正九年(一五八一)に同

表　瀬戸内海を航行し

年　代	西暦	人　名
永禄2年	1559	ヴィレラ等
同 7年*	1564	フロイス等
同 8年	1565	アルメイダ
天正元年	1573	カブラル
同 5年	1577	フロイス
同 9年	1581	ヴァリニャーノ等
同13年	1585	フランシスコ・パショ
同14年	1586	コエリュ
〃	〃	コエリュ、フロイス等
同18年	1590	ヴァリニャーノ等22人

＊　当時の和暦では永禄7年の11〜12月の旅で

じく豊後から京都に向かったヴァリニャーノ、フロイスらの一行も豊後の府内を出港して「イボ」（伊予か）の島に達している。また天正十四年に堺から豊後に向かったコエリュ、フロイスらの一行は、伊予の三津浜《みつはま》（愛媛県松山市）と覚《おぼ》しき港を経由して臼杵《うすき》に到着している。さらにやや変わったところでは、永禄二年（一五五九）に豊後から京都に向かったヴィレラの一行のように、豊後沖ノ浜（府内＝大分市の沖にあったが、慶長元年の大地震で埋没したといわれる）を出港して守江《もりえ》（大分県杵築市《きつき》）で潮待ちをし、いったん宮島に達してから伊予の堀江に向かうというような例もあった。

これらの諸例を見るならば、このころには、九州から畿内に向かう場合、山陽沿岸コースとは別に豊後から伊予に直接向かうコースが成立していたことが明らかである。このコースは、縄文時代に姫島産の黒曜石が四国に運ばれたコースであることからもわかるよ

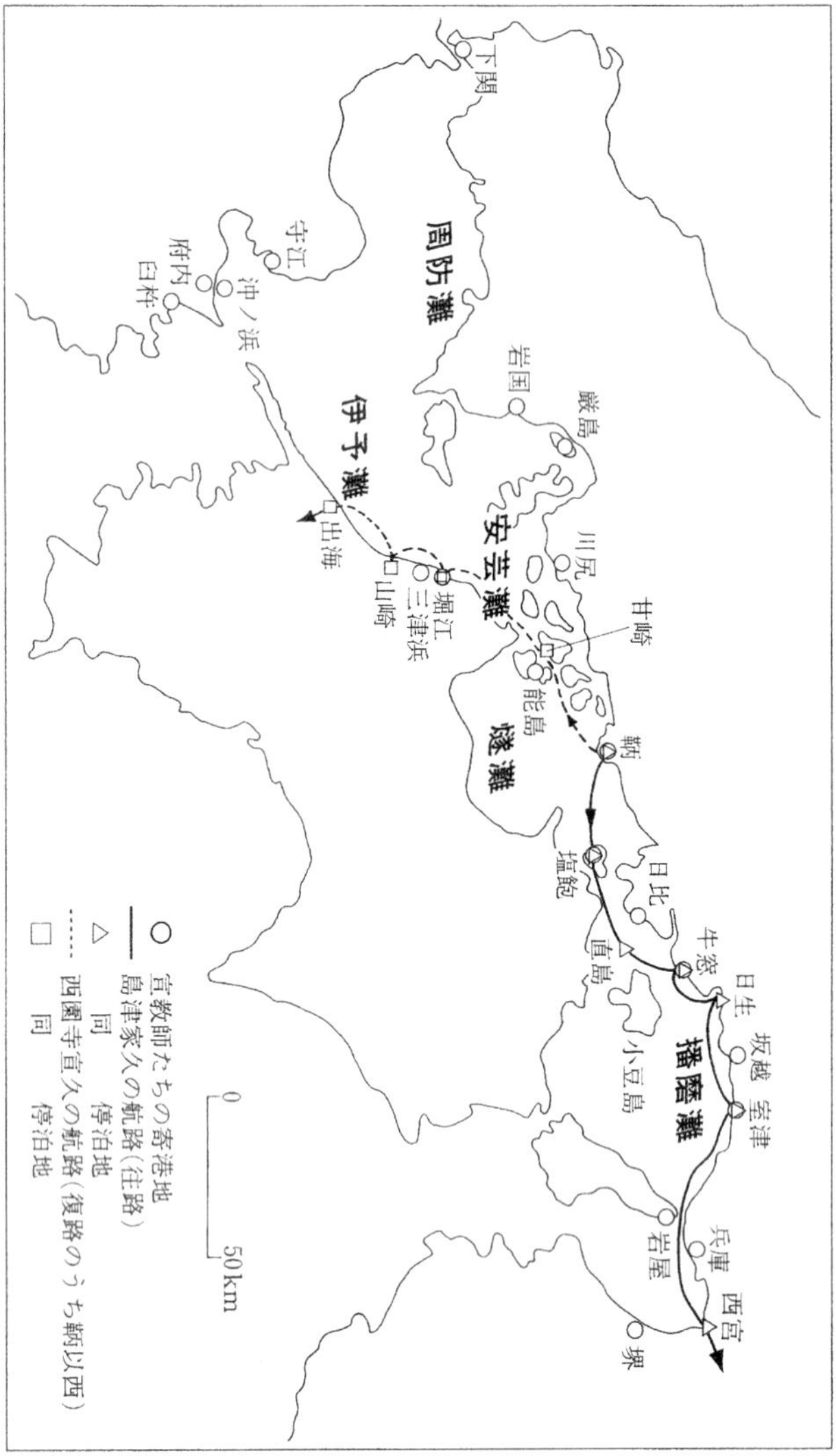

図11　宣教師・島津家久・西園寺宣久の旅

うに、古くから人々の交流に利用されていたが、豊後の府内や臼杵で活動することの多かった宣教師たちにとっては、京・大坂方面に向かうにはもっとも都合のよいコースとして選ばれたのであろう。このような新しい航路に対応して成立した港が、九州側では豊後の守江であり四国側では伊予の堀江である。

豊後守江と伊予堀江

守江は国東《くにさき》半島の南岸、別府湾に面して開けた港である。国東半島の南岸は、大分県杵築市のあたりで西に向かって大きく湾入しているが、守江はその湾の一角に位置している。守江の港としての特色はなんといっても、港の南側が住吉浜と呼ばれる砂嘴《さし》によって守られていることであろう（図12）。東から西に向かって細長くのびた砂嘴は、延長一・五キロ、平均幅約一〇〇メートルに達し、守江の港を大きく包み込んで、天然の良港としている。

永禄二年（一五五九）に豊後府内の沖ノ浜で乗船したヴィレラの一行が、そこから七里隔てた守江でいったん潮待ちをすることになったのは、ここが伊予灘に出ていく前の停泊地として、位置的にも地形的にも好都合な条件を有していたからであろう。天正九年に府内を出港したヴァリニャーノ、フロイスらの一行も、別府湾奥の日出《ひじ》（大分県日出町）を経ていったん守江に入港し、そこから伊予に向かって船出している。

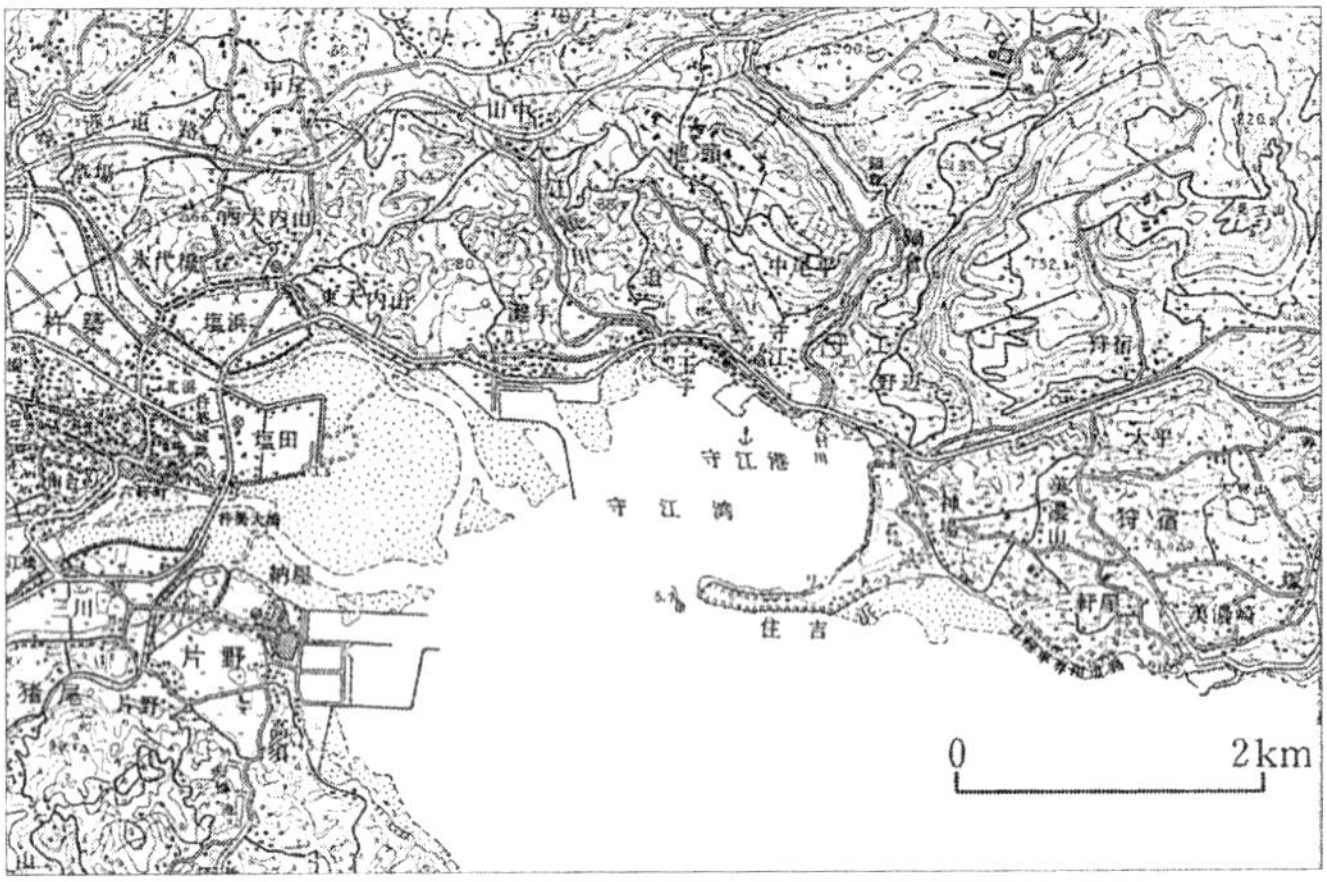

図12　守江の港（国土地理院発行５万分の１地形図，豊後杵築を使用）

一方、守江を出港した船が着船する四国側の堀江は、松山市の北郊に開かれた港である。このあたりは、それまで南北に走っていた海岸線が東西に方向を転じることによってゆるやかな湾状地形を形成しているが、それは入江といえるほどのものではない。ただ隣接する興居島《ごごしま》や忽那《くつな》諸島を考慮に入れると、これらの島々と前記海岸線によって囲まれた海域が一つの大きな入江になっていると見ることができる。そうすると堀江はその入江の最奥部に位置することになる。

中世の堀江港の位置や規模については、はっきりした史料を欠いているが、ある程度の推測をすることは可能である。まず地元に残された記録や伝承によると、現在も機能している港前

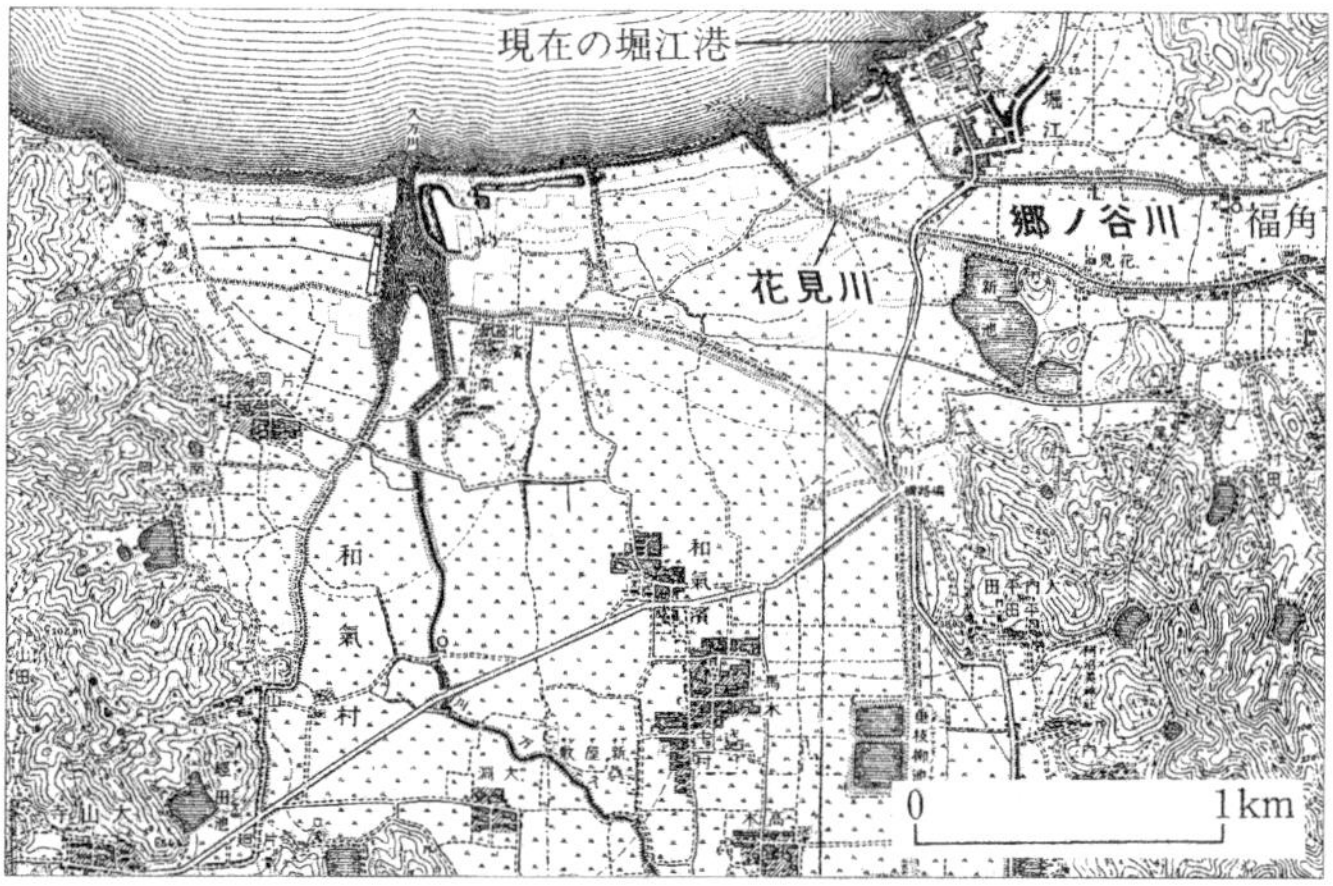

図13　堀江の港（明治36年陸地測量部２万分の１地形図，松山市北西部を使用）

面の一文字波止《はと》は、安政二年（一八五五）に竣工したもので、その後、暴風や地震による破損を改修したが、基本的には、位置は動いていないという。とすれば、おそくとも近世後期には、現在とほとんど変わらぬところに港が位置していたことになる。

一方、明治三十年代の地形図である図13を参照すると、堀江周辺の古地形をある程度読み取ることができる。まず第一に、条里制地割の遺構が馬木《うまき》の集落あたりまで確認できるが、それより以北には、その痕跡がない。第二に、馬木以北の部分には、坂浪、片岡、和《わ》気浜《けはま》、堀江など、かつて沿岸部であったことを示す地名が残っている。第三に、海岸部には幾筋もの浜堤《ひんてい》を確認することができる。これらをあわせ考えると、古代の海岸線は前記坂浪、片岡、和気浜、堀江の各集落をつなぐ線あたりにあったものと思われる。そしてそれより以北の部分は、干満潮に応じて潮が進入してきたり陸地が露れたりするいわゆる潮入り荒野で、それが古代から中世にかけて少しずつ干拓されていって現在のような地形ができあがっていったものであろう。

たとえば、応永二十六年（一四一九）に伊予の守護河野氏の一族河野通元が忽那氏にあてた文書に「塩別符之内福角名田《ふくずみ》」（「忽那家文書《くつなけもんじょ》」）という地名が見える。塩別符というのは、潮入荒野を国衙《こくが》の許可を得て開発した土地のことであるから、「塩別符之内」の福角名田というのは、図13中に見える福角から沿岸部にかけての一帯のどこかをさしていたものと思われる。堀江などもそのような塩別符として開発された土地に成立した集落である可能性が高い。このようなことをあわせ考えると、現在の堀江港や堀江の集落とあまり隔たらないところに中世の堀江港も位置していたことはまちがいないであろう。強《し》いて推測を加えるならば、現在の堀江港の南、郷ノ谷川の河口あたりがもっともそれにふさわしいように思われる。

城下町の外港

そのような中世の堀江が、港として重要な役割を果たすようになるのは、中部伊予を支配する戦国大名河野氏が、本拠湯築城《ゆづき》（松山市）とその城下町道後の整備を図ったころであろう。近年発掘調査の行われた湯築城跡からは、おびただしい量の国内外産の陶磁器が出土したが、これは河野氏が威信財や生活用品を調達するための交易ルートを確保していたことを推測させる。城下町道後は瀬戸内海から遠く隔たっていたので、瀬戸内海の水運ルートと接続する外港を必要としていたと思われるが、そのひとつが堀江であった。

堀江の港の東北方約一・三キロのところには、葛籠葛《つづらくず》城が所在している。海に面した標高百余メートルの丘陵上に位置している同城は、明らかに海と港を睨《にら》んで立地しており、港に出入りする船を監視するのが、大きな役割の一つであったと推測される。近世成立の河野氏の家譜「予陽河野家譜」は、同城が来島《くるしま》村上氏系の城であったと記しているが、おそらくそれは事実を伝えているものと思われる。また来島村上氏の支配は、葛籠葛城ばかりでなく堀江の港にも及んでいたはずである。永禄初年ころに、来島の村上通康が、港近くの高音寺（松山市高木町）に滞在していた高野山上蔵院の僧にあてた書状のなかで、まもなく堺まで上る船が出港するのでそれに乗船するように述べているが、この堺行きの船が出る港は堀江にまちがいないであろう（「高野山上蔵院文書」）。また永禄九年（一五六六）には、同じ通康が、当時来島村上氏の所領であった周防大島三蒲《みかま》郷の松尾寺《しょうぶじ》住職に対して

「半済米《はんぜいまい》」を堀江津に積み渡すことを命じているのもやはり、来島村上氏の港としての堀江の姿を伝える史料である（「松尾寺文書」）。

来島村上氏は、後述するように瀬戸内海の有力海賊であり、同時に河野氏の重臣でもあった。そのような来島村上氏が支配し、河野氏の城下町道後の外港として機能するというのが当時の堀江の姿であろう。

キリスト教宣教師たちがあいついで堀江に立ち寄ったのもちょうどこのころであった。永禄二年には、ガスパル・ヴィレラの一行が宮島から堀江に渡って逆風のため一〇日間滞在し、同七年には宣教師フロイスと修道士アルメイダが豊後から直接堀江に渡った。豊後から堀江までの航海には三日を要したという。また、宣教師ではないが、天正四年に伊勢参詣に出かけた伊予板島（宇和島）の領主西園寺宣久《のぶひさ》も、帰路、鞆《とも》から甘崎《あまざき》をへて堀江に着いている。

陰陽師賀茂在昌

永禄七～八年のフロイスの旅の記録には、興味深い点がいくつか見られる。ひとつは、彼らが豊後から乗った船の船頭が堀江の出身者であったという点である。これまで船頭といえば塩飽《しわく》や室津《むろつ》など東瀬戸内海の出身者が多かったが、ここに新たに西瀬戸内海を舞台にして活動しはじめている船頭の姿を見ることができる。堀江は、そのような船頭たちの基地でもあったのである。

したがって堀江は、豊後に向かう便船を待つ人々が滞在することも少なくなかった。フロイスは、滞在者のなかにいた日本人キリシタンと出会ったことを記している。それは「マノエル在昌《あきまさ》」とその家族である。この人物についてフロイスは別のところで、「日本で最高の天文学者の一人であり、はなはだ高貴」な人物であり、「彼は伴天連《ばてれん》から、日蝕、月蝕および幾つか天体の運行に関することを聞き、そのことで彼は、伴天連を深く尊敬するようになり、(ついには)都でキリシタンになった最初の人々の一人となった」と記している(松田毅一・川崎桃太訳『フロイス日本史』三、以下『フロイス日本史』は両氏の訳による)。この人物は、日本の最高の天文学者の一人とされている点からして歴代陰陽師《おんみょうじ》の家柄であった賀茂氏の一族賀茂在昌のことであろう。在昌は京都から豊後への旅の途中であったが、たまたま妻の出産の時期にあたって堀江に滞在していたのである。フロイスらは、八日間堀江において「善良なキリシタンたち」との交際を楽しんだあと、塩飽に向かって出船していった。

以上は主として西瀬戸内海において宣教師たちが利用した航路や港について述べたものであるが、伊予以東の東瀬戸内海において、彼らがとったコースはこれまで見てきたコースとほとんど変わらない。すなわち、鞆、塩飽、牛窓《うしまど》などをへて室津にいたり、堺に上陸するというコースである。しかし、興味深いのは、これらの苦難に満ちた航海の途上においても宣教師は布教のことを片時も忘れず、それどころか、この航路上にも布教の拠点を次々と作り上げていったことである。そのような瀬戸内海航路上に設けられた布教の拠点としてもっとも重要なのは、塩飽と室津である。

キリシタンの港―塩飽

塩飽が瀬戸内海航路の重要な寄港地であり、廻船の基地でもあったことは、梅霖守龍の一行を運んだ「塩飽の源三」の例に即してすでに述べたところであるが、そのような港を布教の拠点のひとつとしたのは、まさに宣教師たちの慧眼《けいがん》というべきであろう。塩飽に立ち寄った宣教師についてはすでに諸書によってまとめられているが（『新編丸亀市史』一など）、ここでは筆者なりの視点でもう一度宣教師の記録や報告書類を読み直してみることにする。

宣教師が最初に塩飽に立ち寄ったのは、永禄七年（一五六四）のことである。この年宣教師フロイスと修道士アルメイダは、何人かの同僚とともに都での布教の様子を視察するために豊後を出発して京都へ向かったが、途中伊予の堀江に寄港し、六日間の航海ののち塩飽についた。フロイスが、塩飽は豊後から堺までの道のりの半ばのところにある、と記しているところからすれば（『フロイス日本史』三）、すでにこのころから宣教師たちに塩飽の重要性が認識されていたものと思われる。

　この永禄七年時には、塩飽は宣教師たちにとって一つの寄港地に過ぎなかったが、九年後の天正元年（一五七三）から翌二年にかけて副管区長カブラルらが旅をしたときには、より重要な意味をもつ地域となった。カブラルは、日本人修道士ジョアンとともに肥前口《くち》之津《のつ》（長崎県口之津町）を出発して京都に向かったが、途中、豊後国や周防国山口を経て同国岩国から乗船した。ところが途中カブラルが発病し、その養生のために滞在したのが塩飽であった。彼らの塩飽での滞在は八日間に及んだが、その間修道士ジョアンは異教徒への説教につとめ、宿の主人の妻がキリシタンとなった。これが塩飽における最初のキリシタンであり、これ以後この宿の夫婦が宣教師たちの重要な支援者となる。

　天正五年にカブラルの命によって京都から豊後に下ることになったフロイスは、兵庫から乗船して同年末に塩飽に着いた。塩飽は豊後に渡る船のある唯一の港であったが、年始が近く、島の人々はその準備に追われていたので、豊後へいく旅客も便船もなかった。そのときに好意を示してくれたのが、「コンパニヤの人が都の往復に宿泊する家」の主人であった。この人物こそ、四年前に病身のカブラルを養生させてくれた宿の主人であろう。

その妻がキリシタンになっていたこともあって、「コンパニヤ」（イエズス会）は、ここをいわば塩飽における定宿《じょうやど》とするようになっていたものと思われる。

その定宿は布教の拠点でもあった。フロイスらは、案内を頼んだ「海賊の頭《かしら》の僕《しもべ》一人」がやってくるまでの八日間塩飽に滞在したが、その間、宿の主人や家族、親戚などに積極的に説教を行った。その結果、異教徒のなかにはキリシタンへの改宗の希望を示す者もいたが、滞在の期限がきたので次の来島のときにキリスト教問答を続けることにした。またフロイスらの滞在期間中のできごととして見逃せないのは、身分のある婦人の一人が重病にかかってほとんど臨終に近づいたときに、宿の主人の求めによってフロイスが薬を与えたところたちまち快癒し、フロイスが名医の評判を得たことである。「医師の評判忽《たちま》ち拡がりて眼病其他の病ある小児を連れ来り、又男女の病人来たりて薬剤を与へ、又彼らの脈を取らんことを切願せり」という状況であった（村上直次郎訳、柳谷武夫編『イエズス会士日本通信』。以下同書は両氏の訳、編による）。当時の日本人がキリスト教に期待したもののの一端がよく示されている。

海上封鎖

このように瀬戸内海の重要な布教の拠点となった塩飽も、まもなく宣教師にとって安全な寄港地ではなくなった。それは、このころ毛利・織田戦争がしだいに激しくなり、キリシタンに好意的でない毛利氏の影響力が島にも及んでくるからである。もともと塩飽は、芸予諸島の海賊能島《のしま》村上氏の支配するところであったが、その能島村上氏が毛利方にくみして活動しはじめた結果であろう。特に、天正七年（一五七九）に備前の宇喜多直家が秀吉の誘いに応じて織田方に転じ、かつて毛利水軍の一翼を担っていた宇喜多氏配下の水軍が離反すると、毛利氏は、塩飽を含む備前沖において織田方船舶に対する経済封鎖を断行するようになる（岸田裕之「中世後期の地方経済と都市」『大名領国の経済構造』）。

二月二十五日には、配下の警固衆に対して、宇喜多直家の支配下にある備前児島の八浜の有徳船《うとくせん》（商船か）の抑留を指示し、三月一日には秀吉配下と思われる姫路の商船の捜索を命じている。さらに三月二十日には経済封鎖の範囲を拡大し、柳井・大畠間は屋代島衆が、上関は能島系の村上武満が、鞆・塩飽間は鞆の河井氏が封鎖にあたることを命じている（「萩藩閥閲録（高井小左衛門）」）。このようにして塩飽も毛利氏の織田方商船に対する海上封鎖の一翼を担うようになったのである。

このような状況のなかで、天正九年に巡察使ヴァリニャーノがフロイスらを伴って、豊後から京都に上ることになった。一行は、豊後を出発するに先立って、「山口《(マヽ)》の国主毛利

（輝元《てるもと》）が、自領の、（よく船が）立ち寄る港、特に塩飽と称される日本で非常に有名な港に対して、そこを通過する伴天連はいかなる者であれ捕えるよう命じたとの報せ」（『フロイス日本史』五）を受けた。まさに先の海上封鎖についての情報であろう。毛利輝元がキリスト教徒をねらい打ちにしたかどうかについては検討の余地があるが、信長と親しい関係にある諸勢力の通行を阻止しようとしたことはまちがいない。

そのような情報とともに、宣教師たちが塩飽を通過するときにはいつも宿を提供してくれる「地元の一人の顔役」（先にカブラルやフロイスが世話になった宿の主人のことであろう）からも、いかなることがあっても塩飽に立ち寄らぬようにとの連絡を受けた。さらに一行のもう一つの心配の種は、彼らの乗る船の船頭が「毛利に劣らず我らの迫害者である、かの大坂の大いなる仏僧の宗派の者で、彼と結託して信長に抵抗する人物」であったことである。「かの大坂の大いなる仏僧の宗派」とは、石山本願寺《いしやまほんがんじ》の一向宗《いっこう》のことであろうから、船頭は一向宗門徒だったのである。

このように心配の種の多い航海であったが、ヴァリニャーノらは船頭に毛利領内の港にも塩飽にも立ち寄らぬことを約束させて出港した。しかし、結局船頭は約束を守らず、塩飽に船を着けてしまった。この明白な約束違反は、一行をパニックに陥れたが、もはや

「主（デウス）の御手に（すべてを）委ねる」しかなかった。彼らにとって幸いだったのは、たまたま「塩飽の執政者」が島を留守にしていたことである。島には、かわりに「能島殿の代官と毛利の警吏《けいり》」（村上直次郎訳、柳谷武夫編『イエズス会日本年報』。以下同書は両氏の訳、編による）が駐在していた。

停泊中には、先の宿の主人やその他のキリシタンの人々が訪問してきたが、宿の主人は、「豊後の利益を擁護したため」四〇日間にわたって毛利に捕らえられていたとのことであり、ヴァリニャーノらの入港を喜ばなかった。一行は、彼の助言を入れて早々と塩飽を出港し、備後の鞆へ向かった。

塩飽が宣教師たちにとって危険な寄港地であるという状況は、しかし、天正十年の信長の横死によって毛利・織田戦争が終結するとともに解消した。天正十三年の六月にフランシスコ・パショが豊後から京都に赴く途中に立ち寄ったときには、逆に塩飽は、キリシタン大名にして豊臣政権の「海の司令官」アゴスチニョ、すなわち小西行長《こにしゆきなが》の影響下にあった。このとき、小西行長はまもなく行われる予定の四国攻めのための輸送責任者の地位にあり、それを円滑ならしめるために塩飽にも部下を派遣していたのである。行長は事前に「当地の殿」やいつも泊まる宿の主人にあてて、パショらが到着すれば室津までの船を与え、大いに歓待するよう依頼する手紙を発していて、一行を喜ばせた。また駐在している行長の部下は、児島南岸の日比《ひび》（岡山県玉野市）へ行けば行長に会えると伝え、パショの一行を日比まで連れていってくれた。やがて行長は、「十字架の旗を多数立てた大船に乗り」、多数の船を率いて日比に到着し、パショの一行と歓談した。天正十四年に副管区長コエリュが下関から堺に向かったときにも塩飽に立ち寄ったが、このときには、一行を迎えるために「堺の一貴人」が船を派遣していた。

このように塩飽は瀬戸内海の政治情勢に左右されながらも、宣教師たちにとっては一貫して重要な寄港地であり布教の拠点であった。

港の位置

ところで、宣教師たちが寄港した塩飽の港というのは、現在のどこに当たるのであろうか。島の周囲に大小さまざまな入江を有する塩飽（現在の本島）は、島全体が港であったといってもいいほどであるが、歴史的に見て古くまで遡り得るのは、島の南側の泊《とまり》港と、東部北岸に位置する笠島《かさじま》港であろう。現在島の表玄関になっている泊には、人名《にんみよう》の自治の拠点として著名な塩飽勤番所が残されているし、笠島には、港町の古い町並みが遺存し、それらは、伝統的建造物群保存地区に指定されている。またいずれの港も停泊地、寄港地としての優れた地理的条件を有している。

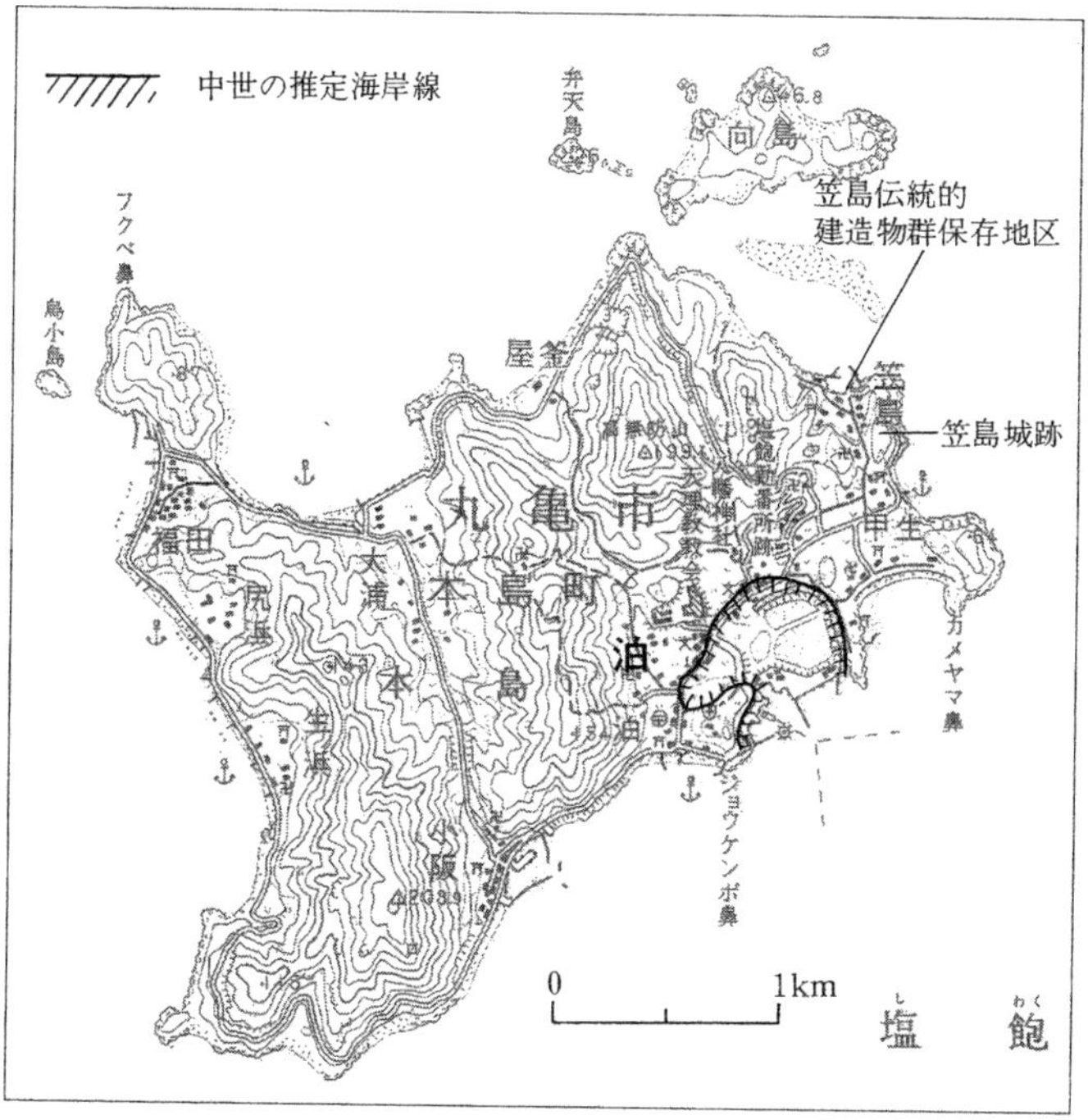

図14　塩飽の港（国土地理院発行５万分の１地形図，玉野を使用）

泊に関しては、現在養魚場になっているところがかつての入江の跡であったであろうことは地形図をみれば容易に推測されるところである。実際には養魚場の前身は近世以降に開発された塩田で、それ以前の海岸線は現在勤番所の前を通っている県道の辺りまで広がり、ジョウケンボと呼ばれる南の小丘陵の山際まで入り込んでいたという。とすれば、塩田が開発される以前の中世の泊は、室・日比・鞆に酷似した池状の入江を有する港であったといえる。そしてジョウケンボは、戦国期には城郭があったところだと伝えられている。これらのことを考えるならば、泊には中世の港としての条件が十分にそろっているといえる。

一方、笠島は、泊から北に向かって小さな峠を越えたところに位置する港である。泊のような入江はないが、前面に向島が位置していて、向島と本島に囲まれた海域を一つの入江とみることは可能である。ここに残されている町並みは、近世以降に成立したものであろうが、背後に笠島城が位置し、笠島の集落がその城根《しろね》と呼ばれていることなどからして、中世にも港を中心にして、現在の港町の前身になるような集落が成立していた可能性は十分にある。

このように現況や地理的条件をみる限りにおいては、どちらが中世の主要な港かを決するのは容易ではない。ただ中世の文献史料に姿を見せるのは、泊のほうである。たとえば、文安二年（一四四五）の「兵庫北関入船納帳」には、前述のごとく、塩飽船の三七回の入関が記録されているが、そのうち三月七日に入関した船頭太郎左衛門には「泊」の注記が付されている。

宣教師の記録のなかにも泊の名をみることができる。前述のように天正九年に豊後から京都に上ったルイス・フロイスらは、途中意に反して塩飽に寄港せざるを得なかったが、その港についてフロイスは、「塩飽の泊」と記している（『フロイス日本史』五）。周知のように泊には、停泊地を指す普通名詞としての意味もあるので、ここでは単に塩飽の港の意でこのように記している可能性もないわけではない。これについて『フロイス日本史』の校訂者は、同書には「碇泊地」の意である parage という原語が記されているが、その原拠となったフロイスの書簡には Tamari と記されていて、これが Tomari の誤写であることは明らかであるとしている。これらの点からすれば、天正九年にフロイスらが停泊した港が泊であったことはまちがいないであろう。

小西行長と室津

これまでにもしばしば触れてきた播磨国の室津もまた、宣教師たちにとって重要な港であった。永禄二年（一五五九）にガスパル・ヴィレラらが豊後から堺に向かう途中に立ち寄ったときには、まだ室津には、キリスト教徒はいなかったようであるが、天正九年（一五八一）にヴァリニャーノ、フロイスらが立ち寄ったときにはすでにこの地に熱心な信者がいたことが確認される。到着早々強い風が吹いたのと、聖週が近くて旅を急いでいたのとで、一行は室津には上陸しないまま通過したが、同地には、食物その他を調えて家族と一緒に一行を待ちうけていたキリシタンがおり、宣教師の一行がそのまま通過してしまったことを聞いて、夫人が悲しみのあまり病気になってしまったという。

この後、室津にキリシタンが増加することになるのは、アゴスチニョこと小西行長がこの地の領主となったことと密接な関係があろう。行長が秀吉から室津を与えられたのは天正九年のことであるが、これは、同十一年に行長が塩飽から堺にいたる海域の船舶を監督する「海の司令官」（舟奉行）に任じられたのに連動しているものと思われる。これ以後室津は宣教師たちにとっては、非常に安全な港になり、そのことは彼らの報告書の記述にもよく表れている。たとえば、天正十三年のフランシスコ・パショの報告書は、「同地（室津）は、アゴスチニョに属する大きな町で、彼は今同所にりっぱな聖堂を建てることに決した」と記し（『イエズス会日本年報』）、天正十四年のフロイスの記録にも「塩飽から、

（我らは）室という（塩飽から）二十里距たった、これもまた非常に美しい港に向けて出発した。そこでは（関白秀吉の）海の総司令官であるアゴスチニョに代って同地に居住しているその兄弟が（一行を）出迎えた。その地の小高く、はなはだ展望のよい美しい丘に山寺があって我らはそこでミサを捧げた」と記されている（『フロイス日本史』一一）。

後者に示されている「はなはだ展望のよい美しい丘」は、現在もそのままの景観を残している、賀茂神社の所在する丘陵のことであろうし、丘の上の山寺とはその賀茂神社のことであろう。ただ賀茂神社にとっては、小西行長らキリシタンによって「立派な聖堂」が建てられ、町の改造が行われたこの時期は、受難の時期であった。天正十五年の上洛の途中室津に立ち寄って「明神」に参拝した薩摩の戦国大名島津義久《しまづよしひさ》は、賀茂明神の社殿が「悉《ことごと》く廃壊」しているのを目の当たりにして心を痛めている。その理由を地元の人に尋ねてみると、「当地数年南蛮鴃舌《げきぜつ》宗旨の人を容れ、神社仏廬《ぶつろ》を蔑如《べつじょ》」したためだという（「義久公御譜」『旧記雑録後編』二二）。すなわち、この地に南蛮のキリシタンが入りこみ、神社仏閣を破壊したというのである。天正四年に西園寺宣久が同社を訪れたときには、旅の行く末を祈る和歌を詠んでいるばかりで特別な状況は記していないから、それ以後に「廃壊」が進んだのであろう。このようにして室津もまたしだいにキリシタンの港町に変貌しつつあった。

天正十四年の旅の途中この地に立ち寄ったコエリュ、フロイスらは天候の回復を待つ間、行長の家臣の妻女たちに説教をして聞かせた。最初は、両親が法華《ほっけ》宗の信者であるとか、あるいは、これまで仏に対して積んできた功徳を失いたくないなどと聴聞を拒んでいた妻女たちも、宣教師たちに接し、ミサを見たりするうちにしだいに心を開き、やがて深い感銘をうけるようになった。こうして、室津では、多くの女性たちがキリスト教徒になった。大坂での秀吉への拝謁《はいえつ》などを終えて、同じ天正十四年にコエリュが堺から豊後に下ったときにも室津に数日間滞在しているが、そのときの報告書には、「同港の重立った人百二十人に洗礼を授け、三千人を超ゆる人達が皆つぎにキリシタンとならんとする傾向を示している」と記されている（『イエズス会日本年報』）。

バテレン追放令

ところが、天正十五年六月に突如バテレン追放令が出され、宣教師やキリシタンを取り巻く状況は激変した。キリシタン大名であった高山右近が棄教を拒否して追放されたことはよく知られているが、小西行長は、右近とその家族を自領であった小豆島《しょうどしま》にかくまった。小豆島にはすでに多くのキリシタンがいたので、彼らの信仰を守るべくオルガンチーノが潜入したが、その時オルガンチーノが潜入のための基地にしたのも室津であった。また、天正十八年には、先にローマに派遣されていたいわゆる天正遣欧使節とともに再来日した巡察使ヴァリニャーノが秀吉に拝謁するために長崎から京都に向かったが、一行は室津での長期滞在を余儀なくされた。それは、秀吉との間を取り次いでくれるはずであった浅野長政が、小田原攻めの後始末に手間取ってなかなか京都に帰って来なかったからである。

当時室津は、小西行長の父立佐《りゅうさ》の支配に委ねられていたが、立佐は、代官にヴァリニャーノの一行を歓待するように指示していたので、一行はこのキリシタンの多くいる港町で厚遇された。一行の室津滞在は二ヵ月にも及んだが、その間に天正十九年の正月をはさんでいたので、秀吉に拝謁するために上洛する西国の武将が数多く室津に寄港していった。そのなかには、ヴァリニャーノのもとに姿を現して、親交を深めた者も少なくなかった。

かつてヴァリニャーノの第一回目の来日のおり、塩飽付近の海上封鎖で一行を脅かした毛利輝元もその一人であった。このたびの輝元は、一行の人々と交際し親睦を深めることを喜び、彼らに対して好意を示した。また、先のバテレン追放令発布のおり、キリシタン大名の身でありながら豊後国内のキリシタンに対して激しい迫害を加えた大友義統《おおともよしむね》もヴァリニャーノのもとにやってきた。その義統が過去の所業についての許しを求め、教会や巡察使との和解を願ってきたことは、ヴァリニャーノたちにとって何よりの大きな収穫であった。そのほか、同じくキリシタン大名黒田官兵衛孝高《よしたか》の息子黒田長政、小西行長の女婿にあたる対馬の宗義智《そうよしとし》、そして最後には、小西行長自身も姿を見せた。バテレン追放令後とはいえ、このころにはまだまだキリスト教会の勢威が維持されていたことがわかる。また室津自体も依然として「(航海が) 非常に頻繁な通路」(『フロイス日本史』二) に当たる重要な港町であった。

宣教師たちの出会った海賊

船中での迫害

多くの信者がいた塩飽《しわく》や室津《むろつ》は、宣教師たちにとって安全な停泊地であったが、もとより瀬戸内海の航路や港のすべてがそのような状況にあったわけではない。むしろ、彼らの船旅の多くは苦難に満ちたものであった。特に早い時期の船旅においては船頭や乗客から忌避され、迫害されることがたびたびであった。記録に残っている宣教師たちの瀬戸内海の船旅のなかではもっとも古い永禄二年（一五五九）のガスパル・ヴィレラらの旅などもそのような例の一つである（『フロイス日本史』三）。永禄二年といえば、ザビエルが来日してから十年しか経っておらず、瀬戸内の人々の目には、南蛮人、キリスト教徒の存在そのものがまだまだ奇異なものに映っていたものと思われる。

前にも少し触れたように、この時ヴィレラたちの乗った船は、豊後の沖ノ浜を出港して守江で潮待ちをしたが、ここで早くもトラブルに遭遇している。潮待ちをしている間に天候が悪化し、乗客たちは天候の回復を近くの神社で祈禱してもらおうとしたが、その費用の拠出をヴィレラが信仰上の理由から拒否したからである。乗客たちはこのヴィレラの対応に激昂し、一行を下船させようとした。これに対してヴィレラは、神社への寄進に協力できない旨を謙虚に説明した。ヴィレラの説明は、乗客たちを納得させることはできなかったものの、なんとか置き去りにされるという最悪の事態だけは避けることができた。

乗客たちの不満は解消したわけではなかったから、さまざまな場面で噴き出した。守江から安芸の宮島に向かった船は逆風続きだったので、それも伴天連《ばてれん》を同船させているせいだとされ、幾多の罵詈雑言《ばりぞうごん》が浴びせかけられた。特に「直接に悪魔に奉仕する魔術師であり、残虐な詐欺師である」山伏は、宣教師たちに強い嫌悪の姿勢を示した。

宮島の次の停泊地である堀江でも、逆風のために一〇日間の滞在を余儀なくされたが、これによって他の乗客たちの伴天連に対する不信はさらに高まった。ついに乗客たちは船頭に対して伴天連一行を下船させることを要求しはじめた。船頭もこの要求に屈しかけたが、ヴィレラたちは乗客の一人に船頭との交渉を依頼し、割増料金を払うことでやっと旅を続けることができた。

鞆《とも》では船の乗り換えをしなければならなかったが、ここではついに室津へ向かう船への乗船を拒否されてしまった。豊後からの乗客たちが新しい船の船頭に、これまで伴天連を乗せていたために逆風でいかにひどい目にあったかを吹き込んだからである。しかし、幸い宿の主人が別の船を見つけてくれ、その船の乗客たちは伴天連の同行を拒否しなかったので、無事に室津まで着くことができた。室津でも船を乗り換え、このときにも乗船を拒否されたが、強引に乗り込んでなんとか兵庫に着くことができた。

このように、得体の知れない伴天連との同行を忌避しようとする乗客や船頭の態度が宣教師たちを苦しめたが、しかし、なんといっても彼らの

海賊への恐怖

船旅の最大の敵は海賊であった。彼らの航海の記録のなかで海賊の言葉が出てこないことはほとんどないといってよいくらいである。そして、彼らの海賊に対する反応の仕方はいささか過敏と思われるほどである。航海の途中少しでも不審な船が見えれば、すべて海賊と断ぜられ、その撃退が神に祈られることになる。このような宣教師たちの海賊に対する異常なまでの恐怖心は、おそらく彼らの仲間の一人が九州で体験したことに起因しているのではないかと思われる。

永禄十三年（一五七〇）二月、豊後の大友宗麟《そうりん》から九州各地の大名にあてた書状をもらったアルメイダ修道士は、筑前秋月《ちくぜんあきづき》（福岡県甘木市）をへて肥前大村（長崎県大村市）に向かう途中、上陸しなければならなかったある港（状況から見て島原半島東岸のどこかであろう）で、二艘の海賊船の襲撃をうけた。海賊たちは、アルメイダと同行の人々の衣類を奪い、櫂《かい》・帆・錨《いかり》などの船の諸装備をも持ち去った。陸地から四分の一里のところで何の装備もない小船に取り残された一行は、寒さで死にそうになりながら漂流を続け、翌日船中に残っていたぼろの筵《むしろ》で簡単な帆を作って、やっと岸にたどり着くことができた。そこで異教徒の漁夫に出会って「寒さのために、いよいよ全く弱りきり、半死の状態になっていましたけれど、いくぶん（生きる）力を取り戻」すことができたのであった（『フロイス日本史』七）。

いずれにしても、宣教師たちは、その報告書や記録のなかにさまざまな海賊体験を詳細に書きとどめていて、それは、一面では、海賊の活動形態を知るうえでの貴重な史料となっている。このような宣教師の記録にみられる海賊の姿については、すでに福川一徳氏（「宣教師が目撃した戦国海賊」『別冊歴史読本海の戦国史・海賊大将の栄光』）、金谷匡人氏（『海賊たちの中世』）、松井輝昭氏（「中世瀬戸内海の海賊の生態と海の秩序」白幡洋三郎編『瀬戸内海の文化と環境』）などの研究があるが、それらを参考にしながら、改めて宣教師たちが遭遇した海賊の姿を追ってみることにしよう。

「日本最大の海賊」

まず宣教師たちが海賊と遭遇した海域についてであるが、彼らが、もっとも強力な海賊のいる海域と理解していたのは、芸予《げいよ》諸島東部である。天正十四年に堺から臼杵《うすき》に帰る途中のコエリュの一行は、室津を出発して旅を続けたあと、「日本最大の海賊」が住んでいる海域に到着した。この海賊について、フロイスは、「そこに大きい城を構え、多数の部下や地所や船舶を有し、それらの船は絶えず（獲物を）襲っていた。この海賊は能島《のしま》殿といい、強大な（勢）力を有していたので、他国の沿岸や海辺の（住民たち）は（能島殿）によって破壊されることを恐れるあまり、彼に毎年、貢物を献上していた」（『フロイス日本史』五）と記している。この能島殿というのは能島村上氏のことで、名前のとおり、能島という一島嶼《とうしょ》を本拠としていた。

能島は、芸予諸島東部の伊予大島と伯方《はかた》島にはさまれた狭い瀬戸に浮かぶ島で（図15参照）、今も往時の城郭の遺構を残している。しかし、島そのものは周囲八〇〇㍍《メートル》ほどの小島で、とてもフロイスがいうような「大きな城」が存在していたとは思われない（フロイスらは、能島から約二里の地点に停泊していたので、実際に能島城を見たわけではない。おそら

図15　「能島殿」の本拠能島（中央の小島）

くその声望の大きさから城の大きさを推測したものであろう）。しかし、その小さな島は全体が要塞《ようさい》化され、周囲は、潮の変わり目ともなれば白波をたてて川のように流れる急潮によって守られている。また、島と海との接点ともいうべき海岸の岩礁上には、繋船施設の跡と思われる柱穴が無数にうがたれている。往時の島には、多くの船が繋留されていて、いつ何時《なんどき》でも出船できる態勢が整っていたものであろう。

私は、このような小さな島全体を要塞化した城を、一般の山城に対して海城《うみじろ》と呼ぶことにしているが（拙著『海賊と海城』）、能島はそのような海城の典型例の一つといえよう。ただ一つ一つの海城は小さなものであるが、そのような海城が、周辺海域に航路を睨《にら》んでいくつも配置されていて、それらを合わせてみると、広大な海域を膝下《しっか》に包み込んだ巨大な城が存在していたと見ることもできる。

能島村上氏は、南北朝期から海上勢力として活動していたことが確認されるが、その水軍力がもっとも遺憾なく発揮されるのは、やはり戦国期になってからで、ある時には毛利氏の、またある時には大友氏の水軍として戦国期の瀬戸内周辺の政治情勢に大きな影響を与えた。また能島村上氏の影響力は、ひとり芸予諸島ばかりでなく、はるか東方の塩飽にも及んでいた。天正九年にヴァリニャーノ、フロイスらの一行が塩飽に着いたときに能島の海賊が数人乗り込んできたのはそのゆえである。また、そのとき塩飽には「能島殿の代官」が「毛利の警吏《けいり》」とともに駐在していたことを彼らの記録は示している。

その能島村上氏と勢力を二分するのが、フロイスらのいう「来島殿《くるしま》」、すなわち来島村上氏である。フロイスは「日本中で最高の海賊としてその座を競い合ってきたのはただ二人だけで、彼らの館は何年も前から存続し、彼らは強大な主として公認され、そのように扱われ、奉仕されてきた。その一人は今述べた能島殿であり、他の一人は来島殿と称する」(『フロイス日本史』五)と述べているが、これが、当時の人々の海賊観をよく伝えているものと思われる。来島村上氏は、能島村上氏と同族で、同じ芸予諸島東部のうち伊予本土に近い来島（愛媛県今治市）を本拠としていた。来島も周囲約八五〇メートルほどの、能島とほとんど変わらない規模の小さな島であるが、全島要塞化された海城で、来島海峡周辺の海域を睨んでいる。来島村上氏は、先にも少し触れたように（八三ページ）、早くから伊予の戦国大名河野氏の家臣団の中に入ってその重臣として活動してきたが、天正十年に織田信長の力が瀬戸内海に及んでくると、秀吉の誘いをうけてその傘下に入り、その後は豊臣政権の水軍力を担った。

来島村上氏は、のちにキリシタンに改宗したらしい。天正十四年の秀吉の九州攻めのとき、小倉城の包囲にあたっていた黒田官兵衛は、副管区長コエリュが下関に滞在している機会をとらえて多くの人々に改宗をすすめたが、そのなかに、「往昔の国主たちの特許状によって、当初から、全海賊と海国の最高指揮官をもって任ずる二人の貴人」（『フロイス日本史』一一）のうちの一人「来島殿」がいた。おそらく当時の来島村上氏の当主村上通総《みちふさ》のことであろう。彼は官兵衛に従っていた修道士からキリスト教の教義を聴聞《ちょうもん》したあと、何人かの家臣とともに下関の副管区長のもとに赴いて受洗したのである。

浦々の海賊

このように能島・来島の両村上氏が瀬戸内海における二大海賊であったが、フロイスが的確に述べているように、「この海賊を頭目とは認めず、眼中に置いてもいない実に多くの海賊が各地にいたことも事実である」（『フロイス日本史』五）。各浦々には両村上氏の勢威に服さないで、独自の支配領域を有していた多様な海賊がいたのである。

たとえば永禄二年のガスパル・ヴィレラらの旅の記録に記されている海賊などもそのうちの一つである。先にも記したように、このときの船旅は伴天連の同行を嫌う乗客からたびたびの迫害を受けた旅であったが、鞆から室津に向かうときには、ヴィレラの一行はついに置き去りにされてしまった。結局は、宿の主人に別の船を見つけてもらって遅れて出発することができたが、彼らを乗せないで先に出発した船が、鞆から室津に至る途中で海賊に遭遇し、海賊から逃れるために多額の金を支払わねばならなかったという。海賊と遭遇した正確な場所はわからないが、鞆から室津に向かう途中といえば、天文十九年に周防《すおう》へ下る梅霖守龍《ばいりんしゅりゅう》の乗船が海賊と遭遇して一戦を交え、後述するように天正三年の島津家久の一行が「日比の関」「のう（直）島関」と遭遇した、備前日比《ひび》（岡山県玉野市）、讃岐直島《なおしま》（香川県直島町）周辺の海賊が思い出される。

天正九年のヴァリニャーノの一行の船が、塩飽を過ぎたあたりで海賊に備えて軍用品を取り出して武装するということがあったが、これも、日比近海である可能性が高いようである。そのときの報告書には、塩飽から備前国にいたるまでに海賊のいる多数の危険な海域を通過しなければならないと記している。また永禄七年にフロイスらが塩飽から坂越《さこし》（兵庫県赤穂市）に渡るときに海賊が多く出没するということで恐怖におののいたことがあったが、この海域は、前記島津家久が「牛窓の関」の来訪をうけた牛窓近海の可能性が高いように思われる。

天正五年に京都から豊後に下ったフロイスらは、兵庫で乗船したあと淡路国で「盗賊船」と遭遇した。海賊はフロイスらの乗船が大きくて弾薬も十分であることを見て去っていったが、淡路近海も海賊の出没する海域であったことがわかる。港の名が記されていないが、兵庫を出港したあと立ち寄る淡路国の港といえば、明石海峡に面した岩屋（兵庫県淡路町）である可能性が高い。紀伊水道から淡路島の周辺にかけての海域は、紀伊国安宅《あたぎの》荘《しよう》（和歌山県日置川《ひきがわ》町）を本貫《ほんがん》とする安宅氏の勢威を有していたところなので、あるいは同氏の一族が接近してきたのかもしれない。

大坂湾なども決して安全な海域ではなかった。永禄十二年（一五六九）正月、入京した信長がかつて三好氏を助けた堺を問責したとき、多くの堺の住人が町を逃れたが、当時堺に住んでいたフロイスもその一人で、堺から尼崎へ向かった。その途中一行の船は一一艘の海賊船に追尾された。幸い濃い霧の助けによって一行は難を逃れることができたが、このときフロイスは、預かりものの刀を腰にさして人々を激励してまわるという勇ましいところを見せた（『フロイス日本史』四）。

天正九年に堺に向かうヴァリニャーノの一行も、大坂湾で海賊の追尾をうけた。この海賊は後述するように、これまで述べてきた海賊とは若干異なるように思われるが、大坂湾も宣教師たちにとって気をぬけない海域であったことはまちがいない。

このようにさまざまな海域で海賊が出没したが、彼らの存在形態もまた多様である。もっとも一般的なのは、天正元年から二年にかけて旅をしたカブラルの一行が塩飽から堺に向かう途中に遭遇した海賊であろう。彼らは「長銃及び弓矢を多数備えたる十七艘の海賊船」でカブラルらの船を包囲したが、「物」を与えると航行を続けることを許したという（『イエズス会士日本通信』）。

遭遇した場所や「物」の内容がわからないのが残念であるが、彼らは銃や弓矢で武装した高速船で航行する船舶にすばやく接近し、「物」や銭貨を要求するのが普通である。これは航行する船舶や乗客の側からすれば理不尽な略奪に見えるかもしれないが、海賊からすれば、自分たちが長い歴史のなかで培ってきた生活領域を無断で通行するけしからぬ船船から徴収する当然の通行料であった。この通行料の起源を、神々の領域を通行することの見返りとして神々に納める初穂料《はつほりよう》だとする意見もある（網野善彦「中世の旅人たち」『日本論の視座』、勝俣鎮夫「中世の海賊とその終焉」『戦国時代論』）。いずれにしても、通行料を徴収することは海賊の側から見れば当然の経済行為であった。

関所破り

したがって海賊たちは、さまざまな名目で徴収する通行料を航行する船舶の側がきちんと支払えば、それに危害を加えることはなかった。しかし、逆に船舶の側がその義務を履行しなかった場合は手ひどい反撃を加えた。その例が、天正九年にヴァリニャーノらが大坂湾で体験したできごとである。ただヴァリニャーノらが大坂湾で出会ったこの海賊は、先にも少し述べたように、今まで取り上げてきたいわゆる海賊とは若干違っている可能性がある。

このときのことをフロイスは、「インドの伴天連たちの司《つかさ》が莫大な財宝を携えてこの辺りを通過するとの噂がたった。その噂は早々と多くの地方に広まったので、付近の海を海賊となって（荒らしていた）盗賊たちは、我々を（絶）好の獲物とすることに決めた。彼らは我らが堺から六、七里距たったある港に入ることを知ると集結し、その一部の者は、我らを難なくその港で捕えようと示し合わせた」（『フロイス日本史』五）と、いかにも

〝海賊〟風に描いているが、彼らが襲撃地点として選んだ「堺から六、七里距たったある港」が、『フロイス日本史』の校訂者が示しているごとく兵庫の港を指すとすれば事情はかなり違ってくる。

兵庫はこれまでしばしば述べてきたように東大寺領兵庫北関、興福寺領南関が置かれていたところであるが、これらは、いわば国家公認の関であって、海賊たちが自分の支配領域に設けた私関とはおのずから性格の異なるものである。したがってそこで関銭の徴収にあたっていたのも公的な関役人とでもいうべき者たちであって、海賊とは一線を画して考えなければならない。戦国期にいたって兵庫関は衰退し、東大寺領・興福寺領としての実質は失われたが、天正九年ころには、織田信長配下の池田恒興《つねおき》が兵庫の地を与えられていたので兵庫関も彼の支配下にあったものと考えられる。したがってフロイスが海賊と見なした連中も、あるいは、池田恒興配下の者たちであった可能性が高い。『フロイス日本史』には書かれていないが、同じできごとを記したフロイスの書翰（『イエズス会日本年報』）には、信長の大船二艘が「海賊」と一緒にいたと記されていることもそのことを裏付けていよう。

このように兵庫港の沖で出会った者たちを海賊とするには一定の留保が必要であるが、

彼らが海賊と同じくヴァリニャーノ一行の心胆を寒からしめたことは事実である。それは、ヴァリニャーノらの乗船が、いわば〝関所破り〟を敢行したからである。船頭は、その港に「(通行)税」を払いに行く必要がある、それを果たさないとその地の「殿」とまずいことになると強く主張したが、ヴァリニャーノは、その日のうちに堺に着きたかったので、堺に直航することを求めた。

結局ヴァリニャーノの主張が通って、彼らの船はその港に立ち寄らないで堺に直航することになったが、はたせるかな、一行の乗船よりもはるかに大きい二艘の船が猛烈な勢いで追跡してきた。恐怖に駆られた宣教師たちも必死に逃げたが(フロイスは「船はあたかも飛んでいるかのように見えた」と記している)、八里から一〇里にわたっての追跡の末、ついに堺に上陸する寸前に追いつかれた。堺からは宣教師たちを助けようと多くのキリシタンが武器や鉄砲を持って浜辺にかけつけてきたが、「盗賊」たちは容赦をせず、結局、多額の銭貨を支払うことによってようやく事態は落着を見た。相手が海賊であろうとなかろうと、〝関所破り〟が高いものにつくことを宣教師たちは身をもって体験させられたのであった。

上　乗　り

以上のような関を設けて通行料を徴収する海賊とは別の存在形態を示す海賊もあった。たとえば、天正五年にフロイスの一行は塩飽で「案内を託したる海賊の頭の僕《しもべ》一人」を雇っている（『イエズス会士日本通信』）。宣教師が海賊を雇うというのは奇妙な行動のように見えるが、これは、室町期の朝鮮使節宋希璟が京都からの帰途、瀬戸内海西部を航行するにあたって「東賊」を雇い入れたのと同じで、この海賊が上乗りとして乗り込んでいることによって、浦々の海賊に通行料を払ったり航行を脅かされたりすることなく安全に航行することができたのである。

また、天正九年に伊予から塩飽に向かっていたヴァリニャーノの一行の船に、能島の海賊が数人乗り込んでくるということがあった。これは、フロイスが正しく推測しているように、兵士の乗組、すなわち上乗りの有無を探るためであった。結局、乗り込んできた海賊たちは、丁寧なあいさつをして去っていったが、上乗りがいなければこれもフロイスが推測しているように、「一つの島に隠れてゐた十艘の船をもつて我等の船を襲撃する意向」（『イエズス会日本年報』）があったのである。

のちになるとこのような上乗りのかわりに、海賊の側が署名入りの旗を渡すようなこともあった。天正十四年に堺から臼杵《うすき》に向かっていたコエリュの一行が「日本最大の海賊」

図16　能島村上氏の過所旗
（山口県文書館所蔵）

能島殿のいる海城に立ち寄ったことは先に見たとおりであるが、このときコエリュは同行の日本人修道士に、自由航行を認める署名を得るべく能島殿と交渉するように命じた。修道士と会った「能島殿」は、彼の懇願を容れて、怪しい船に出会ったときに見せるがよいと、「自分の紋章が入った絹の旗と署名」を渡した。この旗は、おそらく図16のようなものであろう。これは、能島の当主村上武吉が天正九年に厳島の祝師《はふりし》に与えたものであるが、このような旗を掲げることによって、安全な航海が保障されたものと思われる。

このように戦国期の瀬戸内海には浦々に割拠してそこを通行する船舶から通行料を徴収するタイプの海賊と、船舶に上乗りをして警固料を徴収するタイプの海賊がいたことがわかる。

以上は、航海する宣教師たちを脅かす海賊について見てきたのであるが、すべての海賊がそのような存在であったというわけではなく、なかには、宣教師たちに好意を示すような海賊もいた。たとえば、天正元年のカブラルらの旅のとき、途中病にかかったカブラルを助けた九郎右衛門なる海賊などがそれである。周防の岩国から乗船したカブラルは、熱と疼痛によって意識を失うほどの重病に陥ったが、彼を乗せていた九郎右衛門は、自分の家族の住む川尻（広島県川尻町か）へ伴い、一〇日間にわたって手厚く看病した。その看病の様は「夜分パードレがうめきでもするのを聞くと、二度も三度も起き出ては脈を計り、何か食べたいものがあるかと尋ね」るという具合で、あたかもカブラルの近親者のごとくであったという。

その後カブラルは九郎右衛門の船で塩飽に送られ、そこでも養生を続けることで回復し、無事堺に着くことができたが、まさに九郎右衛門はカブラルにとって〝親切な海賊〟であった。このような海賊がいたことは注目すべきことであるが、カブラルの報告書をよくよく読んでみても九郎右衛門がなぜ海賊なのかがよくわからない。われわれの目から見れば、彼は、川尻を母港とする一人の船頭九郎右衛門にすぎないように思われる。船頭が海賊に豹変することはありうることであるから、両者をあまり厳密に区別しても詮のないことではあるが、一方、宣教師たちには、瀬戸内海を航行している異教徒の海運関係者はすべてひっくるめて海賊と見なしてしまうところがあることも事実である。彼らの報告書はそのことを踏まえて読む必要があろう。

戦国武将の旅

戦国末期から織豊《しょくほう》期にかけての時期には、さまざまな目的で瀬戸内海を航行していく武将たちの姿が見られた。彼らの旅の目的のひとつは伊勢参詣《さんけい》である。この時期には、戦国時代を生き抜いた武将たちの間で伊勢参詣熱が急速に高まったといわれ、西日本各地から多くの武将たちが瀬戸内海を経由して伊勢に向かった。

また同じ織豊期でも、秀吉によって天下統一が進められた天正十年代後半になると、天《てん》下人《かびと》秀吉との間で新しい関係を構築しようとする政治的な目的で秀吉のもとに赴く武将たちも多くみられるようになった。

これらさまざまな目的で瀬戸内海を航行した武将たちの旅の記録は、戦国末・織豊期になって新たに開かれた航路や、海賊禁止令によって大きく変貌する前後の瀬戸内海について貴重な情報をもたらしてくれるであろう。

島津家久の伊勢参り

客船に乗る武将

天正三年（一五七五）、南九州の戦国大名島津氏の一族島津家久《いえひさ》が瀬戸内海を旅した。家久は、島津貴久《たかひさ》の子で、当時家督を継承していた義久《よしひさ》や、その弟で島津氏の勢力拡大に功のあった義弘《よしひろ》の弟にあたる（図17参照）。元亀《げんき》元年（一五七〇）には薩摩の有力領主入来院《いりきいん》氏を攻略した功によって串木野《くしきの》（鹿児島県串木野市）を与えられ、その地に入部した。のちには日向《ひゅうが》方面での大友氏との戦いに功績をあげ、天正七年に日向の佐土原《さどわら》城に移った。豊臣秀吉の九州

図17　島津氏略系図

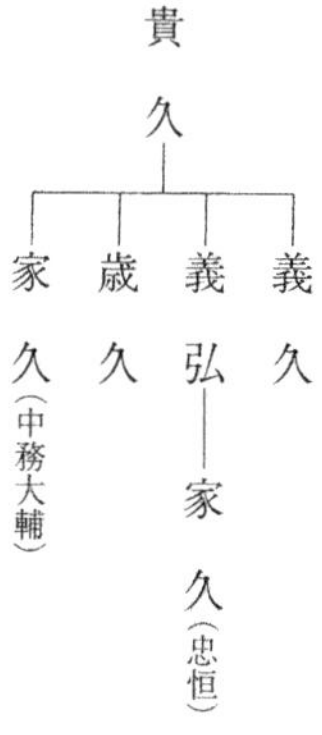

平定戦が始まると、家久は日向方面での防戦にあたり、島津氏が秀吉への降伏を決定すると、これには反対の立場をとった。天正十五年、進出してきた豊臣秀長《ひでなが》軍に佐土原を明け渡すのを拒んだために毒殺されたといわれる。

このような島津一族のなかの有力武将が、京都、伊勢方面への旅を思い立ったのは、「大主（島津義久）、三州（薩摩、大隅、日向）を治め給ふ事、一篇に御神慮の徳疑ひ無き故、大神宮（伊勢）、愛宕山その外諸仏諸神参詣を遂ぐべきため」だというが、この時期には、島津氏の上級家臣の間では、伊勢参宮熱が高まっていて、ひとり家久のみならず、参宮を希望するものが多かったという（新城常三「近世初頭の参詣」『新稿社寺参詣の社会経済史的研究』）。天正三年といえば、島津氏にとっては、薩摩・大隅両国の統一を終え、新たに日向支配をめざして豊後の大友氏との戦いを始める直前にあたる。そのことを考えるならば、単なる伊勢参宮ではなく、島津氏が織田政権との接触を目的に派遣したとみるべきであるとの見方もある（長谷川博史「中世都市杵築の発展と地域社会―十六世紀における西日本海水運の構造的転換―」『史学研究』二二〇号）。

家久は二月二十日に本拠串木野を出発して七月二十日に帰着するまでの約五ヵ月間の旅の様子をこまめに記録し、「中書家久公御上京日記」（新城常三校注『神道大系文学篇五　参詣記』所収、以下「日記」と略記する）と呼ばれる道中記にまとめた。この「日記」は、戦国期の旅の様子や西日本各地の交通事情、経済状況などを知るうえで貴重な史料となっているが、同時に瀬戸内海の船旅の様子を明らかにしようとする私たちにもさまざまな手がかりを提供してくれている。

さっそく島津家久とともに旅に出発してみることにしよう。家久が薩摩の有力武将であったことは先に述べたとおりであるが、このような人物が旅をする場合どの程度の装備をし、どの程度の供を引き連れるのかというようなことについて「日記」はほとんど記録をとどめていない。わずかに、南覚坊と呼ばれる人物がしばしば登場して旅の世話をしていることから、おそらく山伏と思われるこの人物を旅の先達《せんだつ》としていたものと思われる。また五月十二日条に「めしつれたる順礼卅人計《ばかり》」と見えるから、一行の人数は三〇人ほどであったらしい。

一行は、串木野を出発したのちまず九州の西岸を陸路で北上し、肥後の宇土《うど》（熊本県宇土市）、鹿子木《かのこぎ》（同北部《ほくぶ》町）、山鹿《やまが》（同山鹿市）等を経て筑後平野のあたりから九州を東に向かって横断する。筑後の高良山《こうらさん》（福岡県久留米市）、筑前の三奈木《みなぎ》（福岡県甘木《あまぎ》市）、豊前の英彦山《ひこさん》（福岡県添田《そえだ》町）などを経て今井（福岡県行橋《ゆくはし》市）で瀬戸内側に出、そこからは海岸沿いに北上して北九州の小倉に達する。小倉から船で赤間関《あかまがせき》へ渡り、ここで安芸の宮島《みやじま》へ渡る船を待って乗船したが、にわかに逆風が吹いて赤間関へ吹き戻されてしまった。追い風を待ってみても、近日中に船出する見込みがなさそうなので、急遽陸路をとることにし、山陽道を東に進むことになった。一行は厳島《いつくしま》参詣《さんけい》などをすませて四月二日に鞆《とも》に到着し、ここから再び船旅を始めることになる（七八ページ図11参照）。

「関」が来る

鞆ではゆっくりする間もなく、到着したその日にもうすでに乗船して出航している。天候にも恵まれたのであろうが、鞆に寄港する「人船」（客船）も多くなっていたものと思われる。その日は塩飽《しわく》に停泊し、三日、四日も風待ちのためであろうか塩飽に滞在し、五日の午後に船出した。塩飽を出るとすぐに児島の沖にさしかかる。ここは、かつて天文十九年（一五五〇）に旅をした東福寺僧梅霖守龍《ばいりんしゆりゆう》が日比《ひび》（岡山県玉野市）の海賊に遭遇したところであるが、今度の場合もやはり「ひゝの関」「のう島（直島か）の関」が相ついでやってきた。ここでいう「関」とは海賊のことである。中世の瀬戸内海では、海賊は「関」とも呼ばれていた。梅霖守龍のときには交渉が決裂して船頭と海賊が一戦に及んだが、家久一行の場合は、トラブルもなく無事切りぬけることができた。家久は「いつれも舟頭の捌候《さばき》」とだけ書き記しているが、船頭の「捌」（交渉）が巧みであったのだろう。海賊が接近してきたときにこれにどう対処するかは、船頭の腕の見せどころである。互いに端舟《はしぶね》を出して礼銭（通行料）の額について交渉するが、交渉が決裂すると、梅霖守龍のときのように武力衝突にいたることも珍しくない。家久のときに何事もなかったのは、おそらく船頭が礼銭をはずんだのだろう。

その日は直島《なおしま》（香川県直島町）に停泊して、翌日の暁に出船した。やがて牛窓《うしまど》の沖にさしかかったが、ここでも「関」が兵船一艘でやってきた。牛窓もまた海賊の根拠地の一つだったのである。しかし、この場合も同じく船頭の「捌」によってトラブルがおこった形跡はない。船は礼銭を払って牛窓に船がかりすることができ、一行は上陸して牛窓見物をすることができた。

備前牛窓

牛窓の名はすでにこれまで何度か登場してきた。足利義満《あしかがよしみつ》の一行は往路にはその沖合を通過し、復路には立ち寄って赤松氏の接待をうけた。宋希璟も復路にこの地を通過したことを記している。これによって牛窓がすでに古くからの瀬戸内航路の寄港地であったことがわかるが、牛窓の港としての古さは実際にはもっとはるか以前にまで遡ると考えられている。それは、牛窓湾に面した丘陵上や島の頂に、あたかも牛窓湾を取り囲むかのように五つの前方後円墳が所在しているのが確認されているからである。牛窓の町並みの背後に位置する天神山古墳をはじめとするそれらの前方後円墳は、長さ五〇メートルから九〇メートルに及び、被葬者は、五～六世紀ころのこの地域の首長であると考えられている。牛窓周辺が決して農業生産力に恵まれた地域でないことを考慮に入れるならば、これらの首長は、海上交通路を掌握することによって勢力を蓄えた人々であったと考えられる（間壁忠彦「沿岸古墳と海上の道」（『古代の日本4　中国四国』））。とするならば、牛窓はすでに古墳時代から瀬戸内海交通の要路として機能していたことになる。

また文献上の記録も古く、江戸初期の儒学者林道春《どうしゅん》（羅山《らざん》）の著した『本朝神社考』には、『備前国風土記』によるとして、神功皇后《じんぐうこうごう》の船が備前の海上を通過したとき、大なる牛が出てきて船を転覆させようとしたが、住吉の神が老翁と化して姿を現し、牛の角をもって投げ倒したので、牛転《うしまろび》と称するようになったという地名起源伝承を伝えている。『備前国風土記』は残っていないからこの伝承が本当に古代までさかのぼるかどうかわからないが、同じ伝承は「鹿苑院殿厳島詣記《ろくおんいんどのいつくしまもうでき》」にも引用されているので、古くから地元で生き続けていたものと思われる。そのほか『万葉集』『山家集《さんかしゅう》』『夫木《ふぼく》和歌抄』など古代・中世の著名な和歌集のなかに牛窓で詠んだ歌が収録されているのを見ると、多くの文人が旅の途中にこの港に立ち寄ったことがわかる。

室町時代になると、他の諸港と同様、瀬戸内海を往来する船舶の停泊地であるばかりでなく、地域経済圏の水運の基地としての役割をも果たすようになる。しばしば引用する文安二年（一四四五）の「兵庫北関入船納帳《ひょうごきたせきいりふねのうちちょう》」には、一三三艘の牛窓船の入関が記録されていて、牛窓船が塩・海産物・米・木材などを積み込んで活発な水運活動を展開していたことがわかる。また牛窓船は、単に備前近海と兵庫津の間を行き来したばかりでなく、遠く芸予《げいよ》諸島海域にまで足をのばしていた。嘉吉《かきつ》二年（一四四二）に尾道から高野山領備後国大田荘の年貢を堺まで運んだ船のなかに、「備前うしまといしわら道幸」の船が見えるからである（『高野山文書第二巻金剛峯寺文書』）。前記「入船納帳」の牛窓の項には、「関」「綾」「泊」などの注記が付されている。これによるとこのころ牛窓は小さな港に分化しつつあったようで、これらの小さな浦や泊の総称が牛窓であったのであろう。

このような牛窓港の発展のもとが、同港のすぐれた自然条件にあったことはいうまでもない。牛窓は、備前国邑久《おく》郡の沿岸部が東に向かって突出する小半島の南辺に位置し、南側には、東西に細長い前島が横たわっている。小半島の脊梁《せきりょう》をなす標高一〇〇メートル《メートル》前後の丘陵は北からの風を防ぎ、前島は南からの風を防ぐとともに自然の防波堤の役割を果たしている。こうして小半島と前島の間に形成された狭小な牛窓瀬戸（唐琴《からこと》の瀬戸）が船舶の

図18　牛窓——天神の丘から見た荒神の丘と関町（遠景は前島）

通路となり、そこに面した小さな入江がその停泊地となったのである。

港の町並み

牛窓には今も古い港町の町並みがよく残っているが、その町並みの歩き方を教えてくれるのは谷沢明氏著『瀬戸内の町並み—港町形成の研究—』である。同書によれば、小さな丘がいくつも海にせまり、その丘には何がしかの社が祀《まつ》られて聖地となっていること、丘と丘の間が、小さな入江となり、その入江に沿って集落が形成されていることなどが、牛窓の町並みの特色であるという。天神様の丘から荒神様の丘にはさまれているのが関町、荒神様と五香宮の丘にはさまれているのが西町と本町、そして五香宮の丘の東

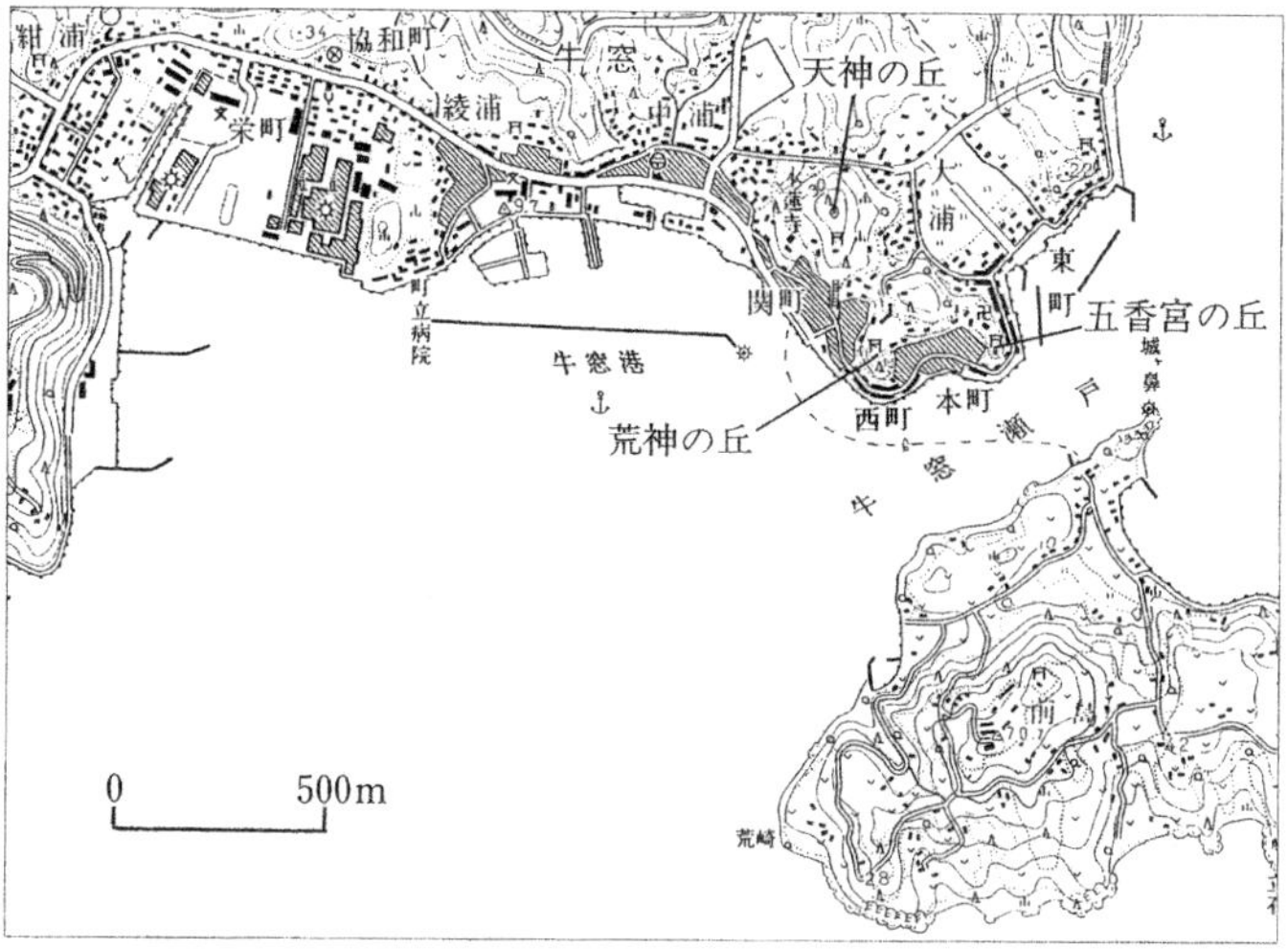

図19　牛窓の港（国土地理院発行２万５千分の１地形図，牛窓を使用）

側に東町の集落という具合である。また関町の西にも海岸に沿って、中浦、綾浦、紺浦の町並みが続く。これらは、基本的には近世以降の町並みであるが、その原型は中世に形づくられたはずである。関町が「入船納帳」に見える「関」の、綾浦が同じく「綾」の後身であることはまちがいないであろう。さらに言うならば、関町の「関」は、家久の一行に近づいてきた「関の兵船」の「関」の名残りと考えることができる。

「入船納帳」に見える牛窓のもう一つの浦である「泊」については、関連する地名が残されていないので、諸説がある。谷沢氏は、前掲書において、牛窓瀬戸に面した西町から本町にかけての半月型の入江がそれに相当するのではないかと推測している。氏は、この入江には今は人家が密集しているが、これを除いて考えてみると、中世には丘と丘にはさまれた入江に砂浜が広がっていた景観を想定することができるのではないかという。それに対して、関町と綾浦の中間に位置する中浦が中世牛窓の中心地「泊」の旧地としてふさわしいとする意見もある（竹林栄一「牛窓『泊』について」『岡山地方史研究』七九号、藤田裕嗣「文安二年『兵庫北関入船納帳』に登録された備前牛窓の船と船頭」『神戸大学文学部五十周年記念論集』）。

私には両説の当否を判断する力はないが、絵図などを見てみると、近世以降においても、牛窓の町並みがもっともよく発達しているのは本町周辺であり、その本町に茶屋をはじめとする岡山藩の諸施設がおかれている。また、寛延元年（一七四八）の朝鮮通信使に随行した画家李聖麟の画集「槎路勝区図《さろしょうくず》」には、牛窓の図として、本蓮寺から東に続く小丘陵（谷沢氏の言われる聖なる丘）と、その山麓に密集する民家、さらには、民家に隣接して、桟橋や雁木をともなった港が描かれており、このあたりが牛窓の中心地と考えられていたことがわかる。これらのことを併せ考えると、本町が中世牛窓の中心地「泊」の故地としてはふさわしいように思われる。牛窓は、本町の海岸部から港町として発展しはじめ、しだいに西方の中浦・綾浦方面に港や都市的空間を拡大していったのではないだろうか。

さて、このような牛窓の沖で天正三年（一五七五）の家久の一行に接近してきた「関」とはいったい何者であろうか。牛窓を拠点にして海上活動をする勢力としては、先の備後国大田荘年貢引付の嘉吉二年（一四四二）条に姿を見せた石原氏が知られている。牛窓の中心寺院本蓮寺は、京都本能寺の日隆《にちりゅう》が直弟子日暁《にちぎょう》を派遣して永享年間（一四二九〜四一）に再興させたとされる日蓮宗寺院であるが、日暁に帰依《きえ》して同寺再興に財を投じたのが石原道高《いしはらどうこう》である。石原氏の本蓮寺支援はその後も継続しているが、海運活動で得た富を本蓮寺堂舎の整備につぎ込んだものと思われる。その石原氏の活動の跡が確認されるのは、十六世紀半ばまでであるから、天正三年の「関」が石原氏であるかどうかははっきりさせることはできないが、いずれにしても同氏が牛窓を拠点に海運活動をする地元の有力者のひとりであったことはまちがいないであろう。

牛窓を一見し終えた家久の一行は、その夜は「おふた」（大多府島か、岡山県日生町《ひなせ》）に船がかりし、翌日は「しゃくし」（坂越《さこし》か、兵庫県赤穂市）、「なは」（同相生市那波）等を経て、播磨の室津《むろつ》に停泊した。

室津では船頭が明石へ上乗りを頼みに行ったため、一日滞在を余儀なくされた。事情は定かではないが、新たに上乗りを頼みに行くということは、室津が海賊のナワバリの一つの境界ででもあったのであろうか。海賊のナワバリといえば、瀬戸内海を西から東に航行するときには西の海賊を、東から西へ向かうときには東の海賊を上乗りとして雇うという『老松堂日本行録』の記事が思い出されるが、室津から東はこれまでとは異なった別の海域で、その海域をナワバリとする海賊を新たに上乗りとして雇用する必要があったのであろう。

相客との交流

翌日も順風がなくて室津にとどまることになったが、その無聊《ぶりょう》を慰めるため宿で酒宴が開かれた。ともに酒をくみかわした相手は、同宿になった「堺衆」の二人、船中で親しくなった「兵庫の衆」、そして宿の亭主である。二〇日ばかり前の三月二十五日にも厳島《いつくしま》から対岸の廿日市に渡るまでの短い船旅の途中、同船した人々が「すず」(徳利)をさげてやってきて酒宴となり、「舟中にて小歌など様々遊」ぶということがあったが、このような記事は他にも随所に見ることができる。このように、家久の旅の特徴の一つは、薩摩の大名家の一族とは思えないような、同行の人々との気さくな交流にある。多様な人々が乗り合わせる客船の旅ならではの体験といえよう。天候はなかなか回復せず、翌日には「堺衆」から酒の差し入れがあり、さらにその翌日にも堺衆が「すず」を携えてきて「路頭の御堂にて酒宴」とあいなった。

室津での滞在も六日目になる四月十三日には、「堺雑説」という情報が入ってきて、結局今まで乗ってきた「元舟」は室津に逗留することになった。「堺雑説」というのは、このころ織田信長が、河内や摂津で三好勢を攻撃しているのと無関係ではないであろう。特にこの直後の四月十九日には、堺のすぐ東隣の新堀城《しんぼり》（堺市）にたてこもった三好勢を信長が攻略したことが知られているので（『信長公記』巻八）、その混乱が堺の町にも及んできていたものと思われる。

船が室津で停船してしまうと困るのは船客たちであるが、彼らは力を合わせてこの難局を乗り切る。すなわち相客であった「熊野衆《くまのしゆう》、高野衆《こうや》、日向衆《ひゆうが》」に、家久一行の先達南覚坊が加わって寄合を開き、岩屋船（淡路島の岩屋を船籍地とする客船であろう）を一艘借り切ることにしたのである。ところが今度は、その岩屋船の船頭との間でトラブルが生じた。船頭は「板」を乗せることを主張し、乗客たちはそれを拒否したからである。「板」が何を指すのかよくわからないのでトラブルの原因も定めがたいが、おそらく船頭が、乗客の他に商品としての板材を積み込もうとしたのに対して、スペースが狭くなることをきらった乗客たちがそれに反対したのであろう。舟子《かこ》が雑言をはいたために南覚坊と「取合《とりあい》」（喧嘩）になり、家久の従者の一人と覚しき人物が舟子の面を打つというようなおまけもあったが、とにかく船は夜おそく亥《い》の刻（午後一〇時）になって室津を出船した。

この一連のできごとのなかにも、この時代の客船の旅の特色がよく表れている。第一に「元舟」が「堺雑説」によってすぐさま航行をとりやめたことからもわかるように、この時代の客船の運航は天候ばかりでなく、時々の政治状況にも左右されやすかったということである。海上交通が活発になったとはいえ、世はまだ戦国時代で、安定した航海を確保するところまではいかなかったのである。

さまざまな旅人

次に興味深いのは、相客となって船旅をしている人々の多様な姿である。先に家久が堺衆や兵庫衆と酒をくみかわしたことを述べたが、そのうちの一人は、「めくちの町（?）」の松井甚介と記されていて、堺の町人らしく見えるし、もう一人の旅の仲間「ゑひすの町奈良屋の彦三郎」は明らかに商人である。このほか寄合に加わった人々として日向衆、熊野衆、高野衆があげられている。日向衆は、日向を出発して家久と同じように京畿《けいき》に向かって旅をしている一行であろうし、熊野衆、高野衆は、おそらく熊野や高野山を本拠にしてその信仰を説いてまわる熊野先達《せんだつ》や高野聖《こうやひじり》であろう。こうして見るとこの時代には、戦乱の合間をぬってさまざまな地域からやってきた多様な身分の人々がともに船に乗り合わせて船旅をしていたことがわかる。

こののち島津家久の一行は、西宮《にしのみや》で上陸して京都に向かったが、京都では織田信長の行列を見物したり、連歌師里村紹巴《さとむらじようは》と連歌会を開いたり、洛中洛外の名所旧跡を訪ねたりと多忙な日々を送っている。そのあとは念願の伊勢参詣を果たし、奈良へまわってから再び京都へ帰り、六月八日に帰路についた。帰路は、いったん船で淀川を下って尼崎まで出、堺の町を一見したのち、丹波《たんば》・但馬《たじま》を経て鳥取あたりで山陰へ出るというコースをとっている。山陰路では船を利用したり陸路をとったりしているが、石見国の温ノ津（島根県湯泉津《ゆのつ》町）からはもっぱら海路をとり、北九州の平戸経由で七月二十日に串木野に帰着した。

四国からの伊勢参り

以上、島津家久の「中書家久公御上京日記」を手がかりにして、客船を利用しての船旅の諸相を見てきたが、最後にもう一人の旅について付記しておきたい。それは、伊予国板島《いたじま》（愛媛県宇和島市）の領主西園寺《さいおんじ》宣久《のぶひさ》の旅である。宣久は、南伊予の戦国大名西園寺公広《きんひろ》の一族で、天正四年（一五七六）に伊勢参宮の旅を試み、「伊勢参宮海陸之記」（『愛媛県史資料編文学』所収、以下「海陸之記」と略記する）と呼ばれる旅の記録を残している。彼がどのような人々とどのような船を利用して旅をしたのかという具体的な様相はわからないが、おそらく島津家久同様、少人数の伴《とも》を連れて「客船」を利用しての旅であったものと思われる。宣久は、「海陸之記」に島津家久のように相客の人々との交流をこまめに描くというようなことはなかったが、この記録の重要な点は、四国方面から京畿《けいき》に向かう際の航路についての記述が見られるところにある。

「海陸之記」は、冒頭が欠失しているので四国側のどこを船出したのかわからないが、往路では、芸予《げいよ》諸島の「大崎」（広島県大崎上島）を経由して鞆《とも》に着いている。鞆からは、塩飽《しわく》・日比《ひび》・牛窓《うしまど》・室津《むろつ》と泊まりを重ねて東進しているのは、他の船旅とかわりがない。ただ上陸地点は、今までにあまり出てきたことのない「阿加《あが》」（英賀、兵庫県姫路市）である。英賀もまた夢前川《ゆめさきがわ》の川口に開けた播磨灘沿岸の要港である。

この船旅中の最大のできごとは、六月十七日に鞆の沖で「芸州警固船五十艘ばかり」が東上するのに出会ったことである。「警固大将」は井上又右衛門尉（春忠）と兵部《ひょうぶ》宗勝（乃美宗勝）であるというから、小早川隆景《たかかげ》麾下《きか》の水軍である（なお、この記事の「兵部宗勝」の部分を、刊本はいずれも「又兵衛、宗兵衛」と読んでいるが、「海陸之記」を引用している『宇和旧記』の写本の一つ吉良《きら》本を参照した限りでは、明らかに「又兵部宗勝也」と読むことができる。後者のほうが文意がよく通るので、ここではそちらのほうを取りたい）。このころ石山本願寺を包囲する織田信長軍と、足利義昭の命をうけてそれを救援しようとする毛利軍との間で緊張が高まっていたが、井上春忠らの率いる水軍は、まさに石山本願寺救援のために急遽大坂湾に向かう船団だったのである。ついでながら、一ヵ月ほどのちの七月十三日から十四日にかけて、木津川（淀川下流）河口の大坂湾で織田方水軍と芸予諸島の海賊衆村上氏を主力とする毛利方水軍が衝突するが、そのなかには井上春忠らの率いる水軍も加わっていた。

英賀で上陸したのち、京都見物、伊勢参宮に日を送った宣久は、七月二十六日に再び英賀から乗船して帰路についた。この帰路については、四国に渡る航路がはっきりしている。すなわち、往路にも立ち寄った鞆を出船して芸予諸島のなかへ入り、伊予国大三島の東岸甘崎《あまざき》（愛媛県上浦町）に寄港する（七八ページ図11参照）。ここは、海賊衆来島村上氏系の村上吉継《よしつぐ》の居城のあるところである。

甘崎城は、大三島の沖合約一三〇メートル《メートル》の地点に浮かぶ小島を要塞化した海城《うみじろ》である（海城については一〇六ページ参照）。城跡では、今も四段に削平された曲輪《くるわ》の跡や、島の周囲の岩礁上に規則的に並んだ多数の柱穴を見ることができる。また干潮時には、石塁の跡らし

図20　西園寺宣久が立ち寄った甘崎城とその石塁

き石列が沖合に露出する。石列は現在では、島の北側と南側に数列ずつ見られるばかりであるが、戦前に作成された図面を見ると、もっと多くの石列が確認されたことがわかる。残存状態がもっともよいのは、島の南西端で、ここでは高さ一メートルを超す石塁が数十メートルにわたって残っているのを今も目にすることができる。また、甘崎城には、浅野文庫「諸国古城之図」（広島市立中央図書館蔵）のなかに古絵図が残されていて、それを参照すると、かつては、曲輪のほぼ全周にわたって石垣がめぐらされ、現在は一部分しか残っていない沖合の石塁が、本来は島全体を取り巻いていたことがわかる。

宣久は村上吉継とは旧知の間柄であった

ようで、鞆まで迎えの船が派遣されている。甘崎からは、芸予諸島をぬけ、斎灘《いつきなだ》を横切って伊予の堀江（愛媛県松山市）に達している。こうしてみると、芸予諸島を間にはさんで鞆と堀江を結ぶのが、四国西部と山陽を結ぶ航路であったことがわかる。このあと宣久は、山崎の浜（同伊予市）で難風にあって堀江沖の興居島《ごごしま》（松山市）まで吹き返されたりしながら「いづみの浜」（出海か、同長浜町）に達し、ここで上陸して陸路を板島まで帰って行った。

島津義弘の上洛

秀吉を訪れる大名たち

豊臣秀吉《とよとみひでよし》が四国平定・九州平定を終えて西日本を支配下に入れると、さまざまな政治的目的で秀吉のもとを訪れる西日本の戦国大名が多く見られるようになったが、彼らもまた瀬戸内海を船で航行していった。

まず天正十六年（一五八八）に毛利輝元《もうりてるもと》が上洛した。輝元は同年四月に秀吉の推薦によって参議に任じられているので、朝廷および秀吉への礼参のために上洛を決意したのである。この旅については、同行した家臣平佐就言《ひらさなりこと》が帰国直後にまとめた「天正記」（「輝元公御上洛日記《ごじょうらくにっき》」ともいう。三坂圭治校注『戦国期毛利氏史料撰』所収）が残されている。同日記によると、輝元は、七月八日に草津（広島市）から厳島《いつくしま》にわたって厳島神社に参拝し、そのあと海路大坂に向かった。一行は、御供船《おともぶね》を中心に「大船二百艘」からなる大船団であったが、これらの船舶は、毛利氏配下の水軍が擁する軍船が集められたものと思われる。

厳島出港後、「見の島」（似島か、広島市）、忠海《ただのうみ》（竹原市）、尾道《おのみち》、鞆《とも》、塩飽《しわく》、牛窓《うしまど》、兵庫と泊まりを重ねた一行は、七月十九日には大坂に上陸している。この間、旅の途中では、名所見物、船中での連歌《れんが》興行、あいさつにやってきた所々の領主たちとの交歓などが頻繁に行われ、まさに文字通りの〝大名旅行〟で、先に見た「客船」の旅とはかなり旅の様子が異なる。

そのような〝大名旅行〟でも避けることができなかったのは自然の脅威で、輝元の一行は、播磨灘で難船の危機に直面している。すなわち左手に高砂の浦が見えるところまで進んだころ東風がしきりに吹きはじめ、一時は、淡路島の岩屋に避難した。同港を出たあとにも、にわかに大風が吹き、御座船《ござぶね》も御供船も「或は潮をくみ、或は帆柱を吹きはずし」という状況であった。付近の海上を見ると大船が二艘破損しているので、さては御供船が難船したかと心配したが、難船したのは周辺を航行中の廻船《かいせん》であった。まもなく風もおさまったので無事兵庫の港へ入ることができたが、「天正記」が「既にあやしく御座候」と記しているようにかなり危機的な状況であったことはまちがいない。

このように播磨灘は古くから危険な海域として知られ、ここで難破した船舶は少なくない。たとえば先にもふれたが（「モノ・人を運ぶ旅」）、鎌倉時代末期の元亨《げんこう》四年（一三二四）に、東寺《とうじ》領弓削島《ゆげしま》荘を出発した年貢輸送船もここで大風にあい、積荷の塩一二一俵を湿損してしまった。これらは、たまたま史料上にあらわれた海難の例であるが、実際には記録にあらわれないもっと悲劇的な海難が多数あったことであろう。このような播磨灘《はりまなだ》航路の危険性が、この後瀬戸内海を航行する大名たちをして室津《むろつ》を発着港として選ばせることになる。

輝元の一行は、帰路にもほぼ同じコースを西下したが、途中尾道で上陸して、ここからは陸路を吉田に向かった。

南九州の戦国大名島津氏の一族も秀吉に拝謁《はいえつ》するために相ついで上洛した。前節で述べた天正三年の家久の旅は、社寺参詣、名所見物を目的としたいわばプライベートな旅であったが、九州平定後に行われた彼の兄たちの旅は、そういうわけにはいかなかった。まず天正十五年（一五八七）の六月には、一ヵ月前に秀吉に降伏したばかりの当主島津義久《よしひさ》が鹿児島を出発し、一年後の十六年五月には、義久の弟義弘《よしひろ》が鹿児島を出発した。義久の旅について記した「義久公御譜」（『旧記雑録後編』巻二十一）によると、義久は六月十五日に鹿児島を出発し、陸路・海路を取りまぜながら九州西岸を北上して、いったん秀吉が滞在している博多に向かった。博多で秀吉に拝謁したあと、船で下関へ向かい、ここから、瀬戸内海を東上していった。厳島・鞆・塩飽諸島の手島・牛窓などおなじみの山陽沿岸の諸港に停泊したのち、七月十日に兵庫に上陸した。その間下関では阿弥陀寺に宿泊し、厳島では厳島神社に参詣し、室津では、「明神」(賀茂神社)に旅の平安を祈るなど、社寺参詣を兼ねながらのゆっくりとした旅であった。

一方、天正十六年の島津義弘の旅については、義弘自身が子の忠恒《ただつね》にあてて旅の詳細を記した書状を残している(「島津家文書」)。それには南九州から瀬戸内海を東上する航路についての貴重な記述が見られるので少しく詳細に見ていくことにしよう。

島津義弘の旅

義弘の上洛のコースは、先に上洛した弟家久、兄義久のそれとは少し異なっている。家久、義久がともに薩摩から九州西岸を北上し、途中陸路に転じて小倉、あるいは博多に達し、そこから下関を経て瀬戸内海に入ったのに対して、義弘は、九州東岸を北上して、南から瀬戸内海に入っているからである。

すなわち五月二十六日に鹿児島を出発した一行は、陸路を日向国佐土原《さどわら》へ向かった。佐土原は、家久の領地であったが、前年に家久が死去したあとは子の豊久《とよひさ》が継いでいた。一行は閏《うるう》五月三日に佐土原近郊の「徳之口」（宮崎県佐土原町徳之淵か）を出港したが、その船がどのようなものであったかについては多くを知ることができない。ただ、十三日になって供の衆が追い付いてきて「類船にてにきはゝし」くなったと記していることからすれば、何艘かの供船《ともぶね》を引き連れていたことはまちがいない。しかしそれらの船は、毛利氏のように配下の水軍の軍船を調達したような性格のものではなかったらしい。それは、のちほど航海の途中で船頭が塩飽の次郎なる人物であることを記している箇所があるからである。塩飽出身の船頭が活発な活動をしていることは、これまでにもたびたび述べてきたが、ここでも塩飽の船頭の船が使われているのである。おそらく島津氏が、塩飽船をチャーターしたものであろう。配下の水軍から調達した軍船を連ねた毛利輝元とはだいぶ様子が違っている。

島津氏の水軍力の実態については知識を欠いているが、問題は、水軍力の有無というよりもむしろ義弘と島津家中の領主たちとの関係にあったようである。山本博文氏の著書『島津義弘の賭け』は、上洛にあたって、義弘は兄義久の息のかかった老中《おとなじゅう》のサボタージュにあったとしている。同書によると、義弘が出発に先立って京都にいる義久の老臣にあてた書状には、自分は上洛しようとしているのに国元にいる老臣たちが一人も供をしようとしない。また上洛にかかる費用を弁ずるために反銭・屋別銭を徴収するように命じたが、今日まで一銭も集めていない、と記されているという。結局、義弘は京都での借銭をあてにして上洛するほかなかったが、それには塩飽船のチャーター料も含まれていたのであろうか。

ちなみに義弘は、後年の朝鮮出兵の際にも朝鮮に渡るための軍船が国元からやってこずに苦労している。やむなく銭を借りて渡海したが、義弘は「日本一の遅陣」となって面目を失ったと書状に記している（山本氏前掲書）。

「徳之口」を出航した一行は、日向国細島《ほそしま》（宮崎県日向市）、豊後国蒲江《かまえ》（大分県蒲江町）、同竹ノ浦（同米水津《よのうづ》村）等を経て十三日には、「ほとと云《いへ》る所」に着いた。この「ほとと云る所」について『大日本古文書（島津家文書）』は、豊後国南海部《あまべ》郡から東に向かって突出している小さな四浦《ようら》半島の東端南側に位置する蒲戸崎《かまどさき》に比定し、私自身もかつてそれに従った記述をしたことがあるが（『海賊と海城』）、地図をよく検討してみると、同じ四浦半島東端の北側に保戸島《ほとじま》という小島があって、大船の停泊が可能な港もあるということなので、ここに比定すべきではないだろうか。義弘は、この「ほとと云る所」、「ほと崎」について、「瀬渡る浪あらき事いはほ（巌）も山もうこくばかりにおそろしかりし事也」と記している。

豊予海峡を渡る

翌十四日には、その「ほと崎」から潮の様子を見て一気に「豊後《ぶんご》渡《わたり》」＝豊予《ほうよ》海峡を渡った。豊予海峡の先は伊予の「さた崎」（佐田岬）であるが、この海峡は、別名速吸《はやすい》の瀬戸と呼ばれることからもわかるように潮の流れの早いことで有名で、義弘は、「塩（潮）あひあらき浪まを分け過きる」と記している。海峡を無事通過して伊予の「ふたまと」に着いた。これは、佐田岬半島のうち伊予灘側に面した二名津《ふたなづ》（愛媛県三崎町）のことであろう。同地は、もとは「二間津」と称していたのを江戸期に改称したという。この地は、細長い佐田岬半島の北側に湾入した小さな入江であるが、豊予海峡をぬけて伊予灘に達した船舶にとっては貴重な停泊地で、後世宇和島藩主も参勤交代の際にここを停泊地として利用した。

二名津港を出た一行は、伊予灘を北上して屋代島に達した。おそらく同島南端の家室《かむろ》あたりに着船したものと思われる。ここで潮待ちをしたあと、いったん東に向かって出航し、「遊《ゆ》る島」（由利島か、愛媛県中島町）で再び潮待ちをし、そのあとは二神《ふたがみ》島（同）、津和地《つわじ》島（同）の傍らを通過して行った。近世に防予《ほうよ》諸島をぬける船は、津和地島と怒和《ぬわ》島の間の津和地瀬戸を通過することが多かったので、義弘の一行もおそらくここをぬけていったものと思われる。

　こうしてみると、南九州から海路を東方に向かう場合、豊後の海岸から豊予《ほうよ》海峡を渡って佐田岬半島に取りつき、そこから伊予灘を横切って防予諸島に達するコースがあったことがわかる。文禄三年（一五九四）に同じく薩摩から京都に向かった新納忠元《にいろただもと》も、ほぼ似たようなコースをとっている。すなわち、九州東岸を豊後国佐賀関まで北上し、そこから「難渡と聞こえたる豊後と四国との海」、すなわち豊予海峡を渡り、佐田岬半島の「みつくれ」（三机《みつくえ》、愛媛県瀬戸町）に取りついた。三机は、先の二名津のやや東方に位置する港で、やはり佐田岬半島の北岸に湾入した小さな入江を有している。しかしまだ港町としての諸施設は不十分だったようで、新納忠元は、宿を借りてはみたものの「みなわら筵《むしろ》にふせりければ、まどろみがたきに、蚊とのみとにせせられ、やうやう明はてぬ」（「新納忠元日記」『旧記録雑録後編』巻三二）と、少々閉口の態で記している。

　またこれとは別に、難道である豊予海峡を避けて、やや距離的には遠くなるが、豊後の海岸から直接防予諸島に向かうコースもあった（図21参照）。同じ文禄三年に、新納忠元とは逆に瀬戸内から九州に向かった近衛信尹《のぶただ》は、防予諸島の津和地島から「ヘクリ」（平郡《へいぐん》島か、山口県柳井市）をへて、八島《やしま》（同県上関町）に停泊し、そこから二八里の距離を直接乗り切って佐賀関まで達している（「三藐院記《さんみゃくいんき》」『史料纂集』）。

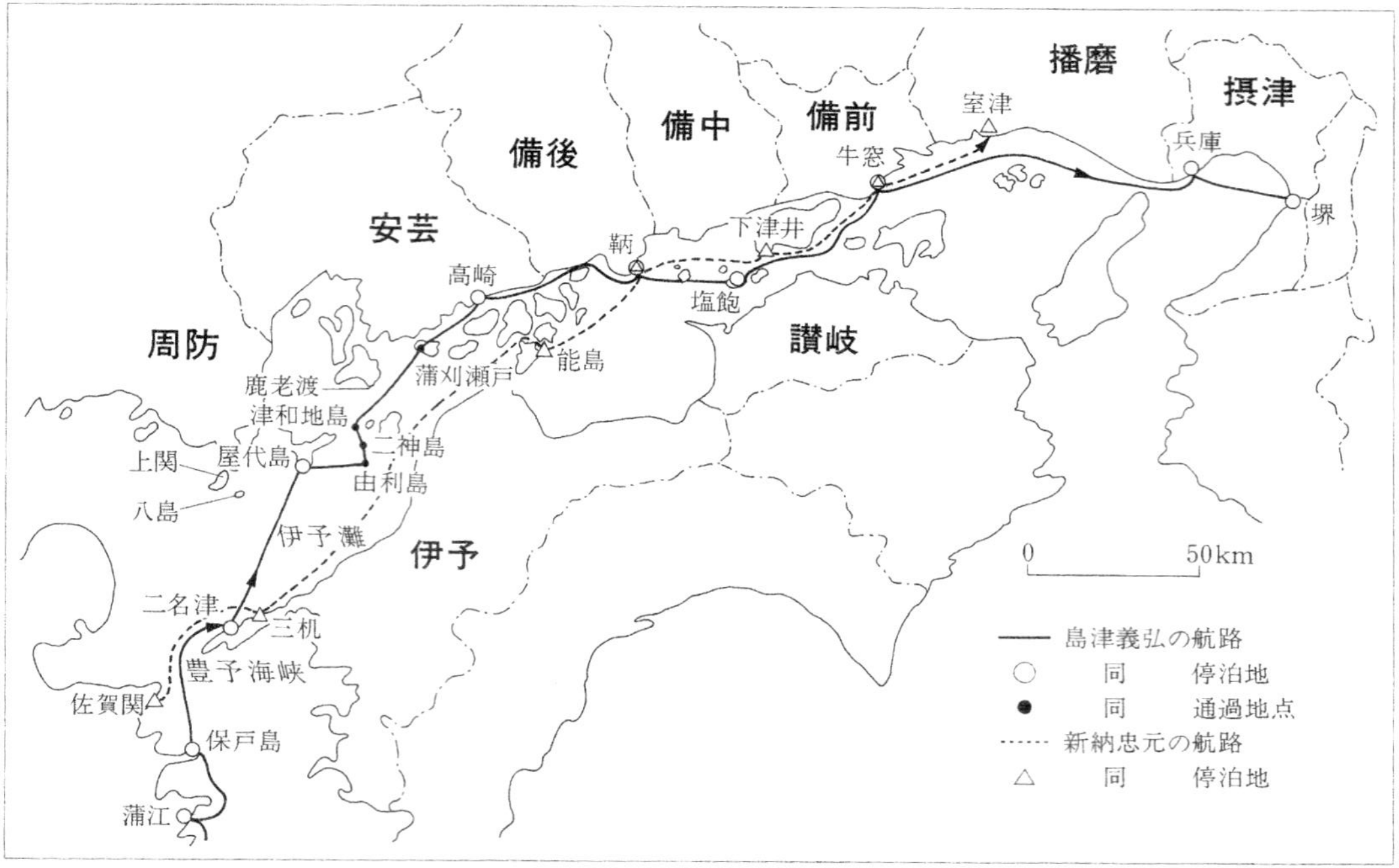

図21　島津義弘・新納忠元の航路図

さて、防予諸島をぬけると、さらに東に向かわなければならないが、そのコースとしては、いったん北上して上・下蒲刈島《かまがりじま》の間を通って、山陽沿岸に達し、そこから東に向かうのがもっとも一般的である。島津義弘の一行も、そのコースをとり、安芸の高崎の港に停泊した。また逆コースをとった近衛信尹は、蒲刈から倉橋島の鹿老渡《かろうと》をへて津和地に達している。さらに、古く足利義満や朝鮮使節宋希璟の一行もこのコースを通った。すなわちすでに「足利義満の西国遊覧」の節で述べたように、義満の一行は帰路において、竈戸関《かまどのせき》（上関《かみのせき》）を出発したあと、防予諸島をぬけて蒲刈に達し、そこで一泊ののち忠海《ただのうみ》に向かった。また宋希璟は、西から東に向かう往路では、防予諸島周辺にあると推定される「唐加島」を出港して高崎に達しているし、東から西に向かう帰路においても、蒲刈を出港して上関に停泊したので防予諸島を通過したものと推測される。

このような従来から利用されていたコースに対して、このころには新しいコースも開かれつつあった。すなわち前記新納忠元は、佐田岬半島の三机を出発したあと、その日は、伊予の「野島」（能島《のしま》）の近辺で停泊している。能島は前章でも述べたように、海賊能島村上氏の本拠で、芸予諸島東部の伊予大島の北岸に近いところに位置している。新納忠元の航路は、三机を出港して防予諸島をぬけたあと、北上して山陽沿岸をめざさないで、そのまま斎灘《いつきなだ》を西進したことになる。おそらく安芸国の大崎下島や伊予の大三島の南岸を進んで芸予諸島東部の海域に入り、能島近海に達したものであろう。そして翌日には、鞆に停泊している。このコースは、近世には沖乗りコースと呼ばれ、中期以降活動が活発になる、いわゆる北前船がもっぱら利用したコースである。ここに見られるのは、その沖乗りコースのもっとも早い航行例である。

安芸高崎

さて、義弘の旅に戻ることにすると、一行は、屋代島から防予諸島、蒲刈瀬戸をぬけて一気に高崎まで達した。このように高崎は、従来の山陽沿岸航路と、防予諸島をぬけて山陽沿岸に達する航路の結節点にあたっており、おのずから港町としての発展が見られた。

現在の竹原の市街地から国道一八五号を東に進むと、やがて小さな岬をまわる。その岬をまわったあたりから海岸線はゆるやかに北に向かってカーブしているが、その海岸線の一角に高崎の集落がある（竹原市高崎町）。現地に立ってみても、かつてここが中世の港町であったことをうかがわせるような遺構はほとんど残っていないが、わずかに集落のなかに周囲三〇〇メートルほどの小さな船溜りがあり、土地の人々から舟入りと呼ばれているのを確認することができる。現在は、小さな池程度にしか見えないこの舟入りも、かつては隣接

図22　高崎の港の名残りをとどめる舟入り

する選果場の敷地なども含めてもう少し広い海面を有していたらしい。

また舟入りは、現在は単調な海岸線の一角に位置していて、港として何の有利な条件も有しているようには見えないが、中世には、かなり異なった自然条件のなかにあったと考えられる。それは、現在集落の北方にひろがる中浦新開、内浜などの美田地帯が、近世以降の干拓《かんたく》によって生まれたものだからである。地元の古老の話によると、集落のなかを流れて舟入りに注いでいる内浜川のはるか上流の、現在のＪＲ線東山トンネルの入口のあたりまでかつては海水が入っていたと伝えられているという。いずれにしても、中

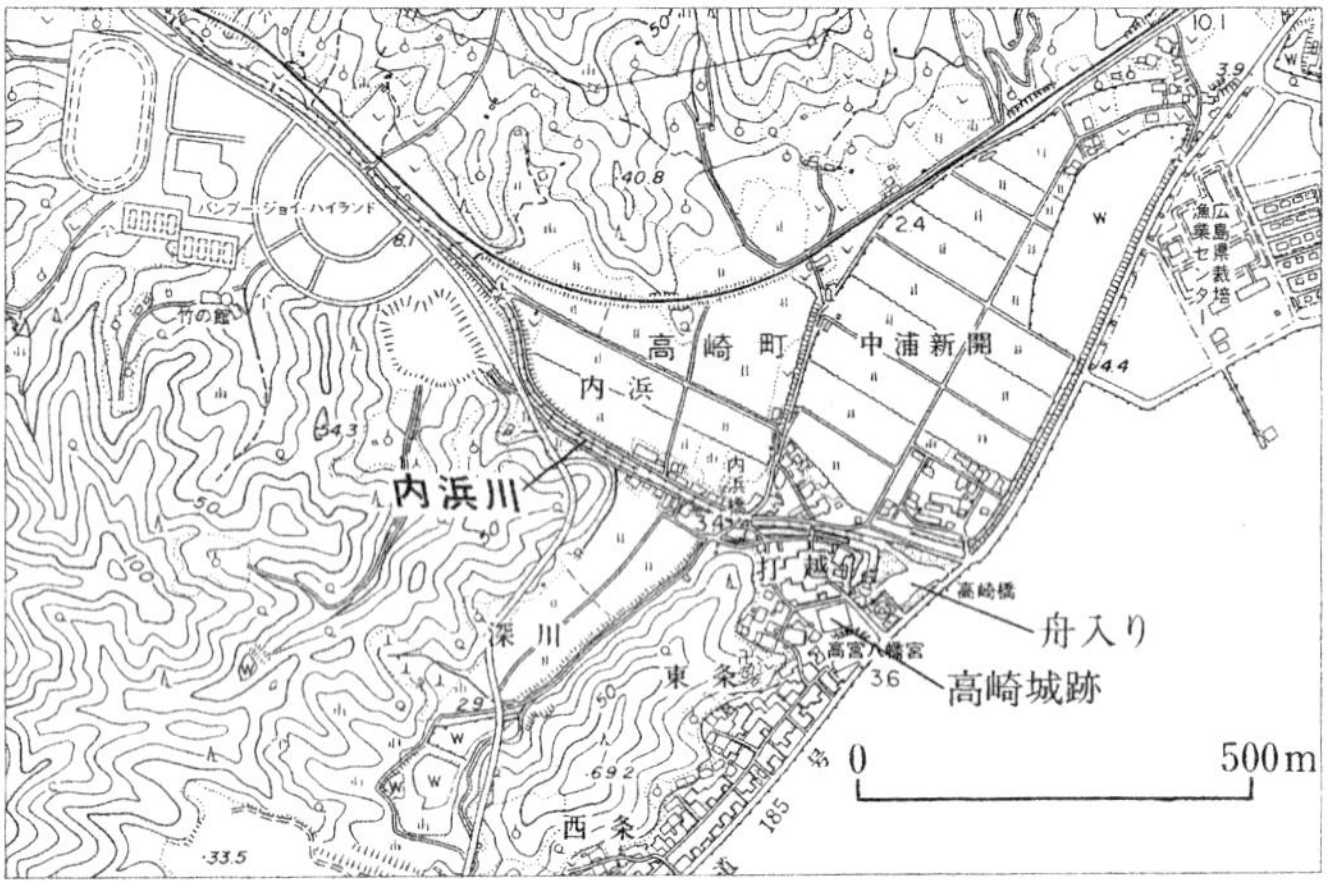

図23　高崎の港（竹原市都市計画図を使用）

世においては図23の中浦新開、内浜のあたりが、内浜川の河口に開けた入江であったことはまちがいないであろう。おそらく、干潟のなかを内浜川が乱流する潮入荒野状態であったものと思われる。とすれば、現在の舟入りの付近にあったと考えられる高崎港は、内浜川の河口の一角に開かれた港ということになり、港としての地形的条件は十分に恵まれていたといえる。

また港の前面に浮かんでいる阿波《あば》島も波静かな海面を提供するのに一定の役割を果たしていたものと考えられる。ただ、この自然の防波堤は、他の諸港のそれとはやや趣を異にしている。というのは、他の諸港においてはたとえば、牛窓における前島、竹原における横島、三田尻における向島などのように、港の前面に島が細長く横たわって波静かな海面を作り出しているが、ここでは阿波島は、港に向かって縦に細長くのびていて、港の前面を広範囲にわたって守る形にはなっていないからである。しかし、阿波島によって高崎から東隣の福田にかけての一帯が西からの風や波から守られていたことはまちがいなく、そのような意味からすれば、程度の差はあれ、阿波島も他の諸港の前面に横たわる島々と同様の機能を果たしていたものと思われる。

かつて前記舟入りの南に隣接して西から東にのびる低い丘陵があり、その上に高崎城跡が残されていた。この丘陵は、戦後、国道一八五号、農協のみかん選果場、老人集会所を建設するために、順次削り取られていったが、昭和五十九年には集会所と子供広場を設置するために、わずかに残っていた部分も削り取られ、現在は、その痕跡をとどめていない。そのときに行われた発掘調査の報告書によると、城跡は、標高一六㍍の、海に臨む丘陵の先端に位置し、背後を堀切によって区切られていたという。発掘調査の結果、二棟の建物跡、井戸跡、土塁跡などが検出され、備前焼や中国製青磁の破片などが出土している（竹原市教育委員会『高崎城跡発掘調査報告書』）。小さな城ではあるが、ここにも港の傍らに港や周辺の海域を望む目的で築かれた城郭の例を見ることができる。

造船所のある港

歴史的に見た高崎港は、多様な顔をもっている。太田雅慶氏の研究成果によりながらそれを整理してみると（「高崎城の歴史と環境」前掲『高崎城跡発掘調査報告書』所収）、第一の顔はいうまでもなく、これまで述べてきたような瀬戸内海の幹線航路の寄港地としてのそれである。康応元年（一三八九）に西下した足利義満が立ち寄って小早川氏の表敬をうけ（「鹿苑院殿西国下向記」）、応永二十七年（一四二〇）に瀬戸内海を往復した朝鮮使節宋希璟が、往路に停泊し、復路に海賊におびえつつ通過し（『老松堂日本行録』）、今また島津義弘が停泊しようとしている港高崎がそれである。

それればかりでなく、高崎は、瀬戸内海における重要な造船基地であった。天竺人《てんじくじん》ヒジリの子として生まれ、室町時代の遣明船貿易家として知られる楠葉西忍《くすばさいにん》は、享徳二年（一四五三）に多武峰《とうのみね》・長谷寺共同の第八号遣明船の外官（経営者の代理人としての交渉役）として中国に渡ったが、その準備の過程で高崎へ船借用のために下向した（田中健夫「遣明船貿易家楠葉西忍とその一族」『中世海外交渉史の研究』）。そのときに西忍が必要経費を書き記した記録には、「三百貫船賃、三百貫船作事、四百貫船方四十別人貫十、五十貫船トウ、カチトリ」などと記されている（「大乗院寺社雑事記」）。これによると、西忍は自ら高崎まで下向して造船から船頭・梶取《かんどり》など乗組員の手配まで遣明船派遣の準備を整えたことがわかる。

またそれから一〇年ほどのちの寛正二年（一四六一）に、安芸東部を支配する国人領主小早川熈平《ひろひら》が使節として大内氏の本拠山口に下向するに際して、一家中に役銭を負担させたことがあった。それぞれ相応の金銭を負担したが、そのなかで高崎の領主と覚しき高崎氏のみは七端帆の船を一艘用立てている（「小早川家文書」）。このようなところにも高崎が当時造船地として知られていたことがよく表れている。

高崎の三つ目の顔は、地域の港としてのそれである。高崎は、領域的には蓮華王院領沼田《ぬた》荘《しょう》のうちの新荘の中に含まれているが、沼田新荘の中心地は、椋梨《むくなし》子をはじめとする竹原北方の山間部にあるので、高崎がその外港としての役割を果たしていたものと思われる。文安二年（一四四五）の「兵庫北関入船納帳」には一三隻の高崎船が「備後（塩）」、米、豆などを積み込んで兵庫関に入関している。また戦国期になると、高崎周辺では三原を本拠とする小早川隆景《たかかげ》配下の水軍が活動するようになるが、高崎はそのような小早川水軍の基地の一つになっていたと考えられる。

ところが近世以降になると港町としての高崎のかげは急速に薄くなる。近世の高崎はいわし網漁を中心とする一漁村といってもさしつかえない。これはおそらく西隣の竹原が近世港湾として成長しはじめることと無関係ではないであろう。千石船をはじめとする大型船が就航するようになると、高崎の港としての狭隘《きょうあい》さは覆いがたく、いきおいより広い入江を擁している竹原の方へ船舶は向かいはじめたものと思われる。そのような意味からすれば、高崎は中世的な港ということができよう。

さて、高崎を出港した島津義弘の一行は、鞆・塩飽・牛窓・兵庫など、お定まりの沿岸コースを通って九月二十一日に堺に無事上陸し、秀吉の待つ大坂城へ向かった。

海賊禁止令

以上、島津義弘の航海を主たる手がかりにして、織豊期の西部瀬戸内海においておいて新しい航路が開発され、それにともなって新しい港町が形成される様相を見てきた。ところで最後にもう一つこの時期の瀬戸内海交通について付言しておかなければならないことがある。それは、ほかでもない、これまでしばしば言及してきた海賊のことである。

梅霖守龍や島津家久の客船での航海、宣教師の布教のための航海の折にはあれほど頻繁に登場してきた海賊の姿が、本節においてはほとんど見られないことにお気付きであろうか。毛利輝元・島津義弘など、かつての強力な戦国大名が船旅をするのであるから海賊が近づきようがないともいえるが、彼らより少し遅れて文禄三年（一五九四）に配流のために瀬戸内海を下った近衛信尹《のぶただ》の旅の記録「三藐院記《さんみやくいんき》」にも海賊のことはほとんど見えないから、大名権力におそれをなして海賊が姿を見せなかったわけではないようである。海賊が姿を見せなくなったのは、このころ瀬戸内海から海賊そのものが姿を消しつつあったからにほかならない。それはいうまでもなく、天正十六年（一五八八）に秀吉が出した海賊禁止令と密接にかかわる。

同令は、第一条で、「海上賊船の儀」を堅く停止《ちようじ》していたにもかかわらず、今度、備後・伊予両国境の「伊津喜島」（広島県豊浜町の斎島《いつき》か。ただし、同島は備後と伊予ではなく、安芸と伊予の境界近くに位置する）で、「盗船」行為が行われたことをきびしく断罪し、第二条で、「いづれも船つかひ候もの」つまり海民の調査を命じ、さらに第三条で「海賊の輩」にたいする処罰規定を定めたものである。これによって瀬戸内海は、海賊にとって自由に活動できる海ではなくなったことがはっきりした。〝海の平和〟の到来によって、海賊たちは水軍力を駆使した警固活動を展開する余地がなくなったばかりでなく、通行料・警固料の徴収などの経済活動もきびしい取り締まりの対象になったのである。

それでは、海賊禁止令以降、海賊たちはどのような生き方をするのだろうか。

海賊たちのその後

かつてルイス・フロイスに「日本最大の海賊」と呼ばれた能島村上氏は、豊臣政権から海賊禁止令違反をとがめられて瀬戸内海を追われることになる。能島村上氏が瀬戸内海を離れて移っていった先は、小早川隆景の領地北九州の筑前国である。ここでは小早川氏の保護のもとにあったが、やがて毛利氏の家臣団の中に入り、長門国大津郡、安芸国江波島《えばじま》（広島市）、同国竹原など各地を転々とする。関ヶ原合戦後に毛利氏が防長二国三六万余石に封じ込まれてしまうと、能島村上氏は竹原を退去し、屋代島（周防大島）に移った。ここが最終的な居所となったが、毛利氏の所領削減にともなって能島村上氏も所領が激減し、家臣たちも次々と離反していった。そのようななかで慶長九年（一六〇四）には、長らく能島村上家を率いてきた武吉が七十二歳で死去した。結局、晩年の武吉が目にしなければならなかったのは、周防屋代島の一角に与えられた千余石の知行地と、崩壊していく家臣団であった。かつて瀬戸内海の全域に拠点を設け、船団を連ねて内海を疾駆した海賊の面影はもはやそこにはない。ただ武吉は知る由もなかったが、これ以後能島村上氏の家臣団が完全に崩壊してしまったわけでもなければ、一族と海とのかかわりがまったく断たれてしまったわけでもない。近世社会は近世社会なりに海とのかかわりを必要としたからである。

武吉の孫にあたる村上元武はしだいに毛利家臣団の中で地歩を固め、元和四年（一六一八）には、御船手組頭役を命じられて三田尻（山口県防府市）へ移った。こうして、瀬戸内海にもどってきた能島村上氏は、毛利氏の船手衆として再び海に乗り出していくことになる。もちろんその海は、かつての武吉の時代のそれとはおのずから条件を異にしていたが……。

いっぽう、ルイス・フロイスに能島村上氏に次ぐ海賊といわれた来島村上氏のほうはどうであろうか。同じ伊予国の海賊に出自しながら来島村上氏の豊臣政権下での生き方は、能島村上氏のそれとは対照的である。能島村上氏が海賊禁止令を柱とする豊臣政権の海賊政策の直接のあおりを受けて、結局、瀬戸内海を去らなければならなかったのに対し、来島村上氏は、小なりとはいえ豊臣大名として取り立てられ、依然として瀬戸内海に君臨し続けることができたからである。それは同氏が、天正十年（一五八二）に毛利攻めのために西進してきた豊臣秀吉の海賊勧誘策に応じたからである。秀吉の四国平定が完了すると、来島の村上通総《みちふさ》は一万四〇〇〇石を与えられて、豊臣政権の水軍の一翼を担うことになった。しかし、慶長の役で統率者通総が戦死し、通総の跡を継いだ康親《やすちか》は、関ヶ原合戦のとき大坂方に近い立場をとった。合戦後、当然来島村上氏の立場は微妙になったが、康親は妻の父親に当たる福島正則《まさのり》の助けを得て危機を乗り切り、結局一万四〇〇〇石の大名の地位を確保することに成功した。しかし、新たに与えられた封地豊後国玖珠《くす》郡森（大分県玖珠町）の地は、別府から三〇キロも内陸にはいったところで、瀬戸内海はもとより、海そのものからも遠く離れた山間の領地であった。こうしてかつての海賊来島村上氏の末裔《まつえい》は、これ以後二度と海を舞台として活動することはなくなったのである。このように豊臣政権は、海賊衆の運命を大きく変えた。

海賊禁止令の発布から六年を経た文禄三年（一五九四）、薩摩から上洛した新納忠元《にいろただもと》が、伊予の「野島」（能島、愛媛県宮窪町）の沖で、「野島とやらん、昔は盗船を有ける所なれ共、殿下様の御徳にて、今ハ上下の船心安く侍りながら沖中にいかりをおろして」と記しているが、これがかつての海賊の海の現況をもっともよく伝えている。能島はいうまでもなく能島村上氏の本拠であるが、そこも、「殿下様」（秀吉）のおかげで平和な海域になっているというのである。

このように織豊期の瀬戸内海においては、一方では新しい航路や港が生まれ、他方では海賊が姿を消しつつあった。こうして新しい時代が到来するのである。

中世の航路と港――エピローグ

これまでの章においては、さまざまな旅の記録を手がかりにして中世瀬戸内海の諸相を見てきた。ここではそれらを踏まえて、特に航路の変遷と港の類型について全般的な整理を試みておきたい。

山陽沿岸コース

畿内と北九州を結ぶ瀬戸内海航路としてもっとも一般的なのは、いうまでもなく山陽沿岸コースである。もっとも早い時期にこのコースについて記録を残しているのは、天平八年（七三六）に新羅《しらぎ》に派遣された使節の場合である（『万葉集』巻一五）。記録といっても旅の途中に詠んだ和歌や詞書の中に地名が見えるのみであるから、コースそのものははっきりとしないが、散見される武庫浦《むこのうら》（兵庫県武庫川河口付近)、明石浦(同県明石市)、家島《いえしま》(同県家島町)、備後国長井浦《ながいうら》(広島県三原市)、風速浦《かざはやうら》(同県安芸津町)、熊毛浦《くまげうら》(山口県熊毛半島付近)などの地名から判断して、新羅へ向かう一行が山陽沿岸を西下したことはまちがいない。

平安時代後期に北九州まで船旅をしたらしい沙弥《しゃみ》蓮禅(藤原資基《ふじわらのすけもと》)も、旅の途中の港の風景を漢詩のなかに詠みこんでいるが(「本朝無題詩」『群書類従《ぐんしょるいじゅう》』巻一二八)、この場合も山陽沿岸コースをとったと考えられる。

そのコースは、漢詩中に詠み込まれている地名から判断してほぼ以下のようなものであったと推定される(漢詩の配列からすれば、それらは大宰府から京都に向かう帰路において詠まれたものと思われる)。大宰府を出発したあと、新宮《しんぐう》湊(福岡県新宮町)、葦屋《あしや》泊(同県芦屋町)など北九州の諸港を経て、門司関から瀬戸内海に入り、長門国の壇(山口県下関市壇ノ浦か)、周防国の田島《たじま》湊(同県防府市)・江泊《えどまり》(同市)・笠戸《かさど》泊(同県下松市)・室積《むろづみ》泊(同県光市)などで泊りを重ねた。その後、安芸国の赤崎(広島県大野町)・道口津(同県安浦町三津口《みつぐち》か)、備前国の藤戸《ふじと》浦(岡山県倉敷市)・甲浦《こうのうら》(岡山市)・虫上(岡山県邑久町虫明《むしあけ》か)などを経て、播磨国の室泊(兵庫県御津町)に至る。

これらの諸例に対して、治承四年(一一八〇)に高倉院の厳島参詣《いつくしまさんけい》の旅の供をした土御《つちみ》門《かど》（源）通親《みちちか》の場合は、比較的コースそのものをきちんと記録に残している。高倉院の一行は、京都から播磨国高砂までは陸路をとり、そこから海路を西に向かった。途中室《むろ》（兵庫県御津町室津）、児島（岡山県倉敷市児島）、せみと（岡山県笠岡市付近など諸説）、馬島（広島県安浦町）と泊まりを重ねたあと厳島神社に着いているから、典型的な山陽沿岸コースをとっていることが明らかである。

南北朝末期の康応元年（一三八九）に、厳島参詣と西国大名への威圧を兼ねて海路を西下した足利義満《よしみつ》の場合も似たコースをとっている。義満は、讃岐国宇多津（香川県宇多津町）にいた細川頼之《よりゆき》との久しぶりの再会が目的の一つであったから、東部瀬戸内海においては一時山陽沿岸を離れて四国の宇多津に向かっているが、そのあとは高崎、厳島、神代、下松などで泊まりつつ山陽沿岸を下っている。

このような状況は、戦国時代に至ってもあまり変わらなかった。天文十九年（一五五〇）に、周防国得地保《とくじのほ》（山口県徳地町）の年貢確保のために現地に向った東福寺僧梅霖守龍《ばいりんしゅりゅう》は、十一端帆《たんほ》の客船に乗組んで堺津を出船し、兵庫、坂越《さこし》（兵庫県赤穂市）、牛窓（岡山県牛窓町）、塩飽（香川県丸亀市）、鞆（広島県福山市）、厳島（同県宮島町）などで泊りを重ね、尾方（同県大竹市小方）で上陸した。文禄元年（一五九二）に京都から肥前名護屋まで下向した近衛信伊《のぶただ》は、大坂の伝法《でんぽう》で乗船し、梅霖守龍と似たようなところで停泊しつつ、下関まで船旅をした。逆に西から東に向かった例でいえば、天正十五年（一五八七）に秀吉に面会するために上洛した薩摩の戦国大名島津義久《よしひさ》、同年に同じく九州から京都に向かった細川幽斎《ゆうさい》（「九州道の記」『群書類従』巻三三八）の場合がある。義久は下関で乗船して兵庫で下船し、幽斎は周防国田島で乗船し、摂津国難波で下船した。これらはいずれも戦国期に山陽沿岸のコースを行き来した旅人たちである。

ただ山陽沿岸コースといっても、必ずしも沿岸を目視しながら進むコースばかりではなかった。奈良時代の遣新羅使が播磨灘において家島を通過し、平安末期の「高倉院厳島御幸記」が、筑紫へ向かう船は家島に停泊すると記しているように、遠方の九州方面をめざす船の場合は、沿岸から離れてかなりの沖合を進むこともあったらしい。

防予諸島をぬける

このように古代から中世にかけてもっぱら山陽沿岸コースがとられたが、西部瀬戸内海においては部分的に山陽沿岸を離れる場合もあった。たとえば、足利義満一行が帰路にとったコースがそれである。「鹿苑院殿厳島詣記《ろくおんいんどのいつくしまもうでき》」等は西部瀬戸内海での帰路のコースを正確に記しているわけではないが、通過した所や遠望した所として見える、家室《かむろ》（周防大島）、津和地《つわじ》島・二神《ふたがみ》島・怒和《ぬわ》島・忽那《くつな》島（いずれも愛媛県中島町）、松前《まさき》（愛媛県松前町）などの地名から判断して、竈戸関《かまどのせき》（上関）から周防大島の南岸を東に進み、防予《ほうよ》諸島をぬけて安芸灘に達し、そこを北上して蒲刈島や高崎あたりで再び山陽沿岸に戻ったものと思われる。

その後、応永二十七年（一四二〇）に来朝した宋希璟が通過したのもこのコースである可能性が高い。一行は往路においては、「黒石西関」（上関）から「唐加島」をへて「多可沙只」（安芸国高崎、広島県竹原市）に達し、帰路においては蒲刈《かまがり》島に停泊したあと、上関に達している。往路の場合「唐加島」の位置が定かでないので（伊予国津和地島説、安芸国倉橋島の鹿老渡説、同島渡子《とのこ》説、周防国頭島《かしらじま》説などの諸説がある）、断定し難いが、帰路は、防予諸島をぬけた可能性が高い。慶長元年（一五九六）に朝鮮の使節としてやってきた黄慎の場合は、上関のあと、家室、蒲刈と泊まりを重ねているから、このコースをとっていることがかなりはっきりしている。おそらく宋希璟らのコースにならったのであろう（『日本往還日記』）。このコースは、蒲刈島―防予諸島間の安芸灘が、島影の少ないところを乗り切らねばならないという難点はあるが、距離的には、広島湾沿岸コースよりはるかに短縮されているので、室町期以降、厳島に立ち寄る必要のない船舶に利用されるようになったのではないだろうか。

ただ、一般的に利用されるようになったのは室町期以降であろうが、航路としての成立そのものはもっと古くにさかのぼる可能性がある。それは、鎌倉時代の末期に幕府が西国の悪党・海賊を取り締まるために設置した海上警固所と関係があるからである（網野善彦「鎌倉幕府の海賊禁圧について」『悪党と海賊』、松岡久人「忽那水軍と南北朝の内乱」『河野氏と伊予の中世』）。元応二年（一三二〇）八月十七日の六波羅御《み》教書《きょうじょ》によると、安芸国亀頸《かめがくび》に海上警固所が設けられていたことがわかるし（「防府毛利家文書」等）、同三年二月十三日の六波羅御教書によると、同じく伊予国海上警固のために、忽那島《くつなじま》に警固人が置かれていたことがわかる（「尊経閣文庫所蔵文書」）。前者は広島県倉橋島の東端の亀ヶ首に、また後者は防予諸島中央部に位置する愛媛県中島に比定されるから、警固所が両地を結ぶ安芸灘を警固する目的で設置されたことは明らかである。とすれば、すでにこのころには、防予諸島・安芸灘コースが周辺の海賊などが利用する航路として成立していたことになる。

以上のような北九州と畿内を結ぶ航路に対して、南九州と畿内を結ぶ航路はどのようになっていたのであろうか。天正十五年の島津義久のように九州西岸を北上して下関から瀬戸内海へ入る場合もあったが、多くは九州東岸を北上した。

南九州から畿内に向かう航路についてもっとも詳細に記しているのは、天正十六年（一五八八）に秀吉に拝謁するために上洛した薩摩の島津義弘の場合である。義弘の一行は、日向の徳之口（淵）（宮崎県佐土原町）から乗船して九州東岸を北上し、豊後国の四浦《ようら》半島から豊予海峡（速吸《はやすい》の瀬戸）を渡った。潮流の激しい海峡を渡って取り付いたのは、伊予国佐田岬半島の二間津（愛媛県三崎町二名津《ふたなづ》）である。二間津からは伊予灘を横切って屋代島（実際には家室か）に向かい、防予諸島を通過した。そのあと安芸灘を北上して蒲刈島に達し、そこから山陽沿岸航路に合流した。同じ航路を逆方向に進んだのが、文禄三年（一五九四）に勅勘をこうむって薩摩に配流された近衛信尹《のぶただ》である（「三藐院記」）。信尹は蒲刈から安芸灘を南下し、防予諸島の津和地島、上関の南の八島《やしま》で停泊したあと、伊予灘を乗り切って豊後国の佐賀関に達している。このように、南九州から畿内に向かう場合には、豊予海峡、伊予灘、防予諸島をへて蒲刈島に達するのが一般的であった。

　こうしてみると、中世後期から近世初頭には、北九州、南九州いずれの場合も、いったん上関から屋代島にかけての海域に達し、そこから津和地島付近で防予諸島をぬけ、蒲刈島近辺で山陽沿岸航路に合流していたことがわかる。この屋代島・蒲刈島をへて山陽沿岸を進むコースは、近世中・後期には安芸地乗りと呼ばれ、もっとも一般的なコースとなっていく。

芸予諸島に向かう

一方、近世初頭には、これとは別のコースも生まれてくる。それは、文禄三年（一五九四）に日向国から京都に向かって旅をした島津氏の家臣新納忠元《にいろただもと》の場合である。忠元は、先の島津義弘の場合と同様日向国「徳淵《とくのふち》」から出船して九州東岸を北上し、佐賀関から豊予海峡を渡って佐田岬半島の三机《みつくえ》（愛媛県瀬戸町）に達した。ここまでは島津義弘とほぼ同じコースといえるが、義弘が防予諸島をぬけて蒲刈島に向かって北上したのに対して、忠元は防予諸島をぬけたあともそのまま東に向かって進んだらしい。それは、三机の次の停泊地が芸予諸島東部の能島の近海であったことから推測できる。海賊能島村上氏の本拠として知られる能島は芸予諸島東部の伊予大島の北側に位置しているから、忠元は伊予国の海岸線を右手に見ながら伊予灘、斎灘《いつきなだ》を進んだものと思われる。そして、能島の次の停泊地は備後国鞆であるから、ここではじめて山陽沿岸コースに合流したことになる。

また豊後国と畿内を行き来するキリスト教宣教師たちもこのコースを取ることがあった。たとえば、方向は逆ではあるが、天正十四年に堺を出発して九州の臼杵《うすき》に向かったフロイスやコエリュらの場合がそれである。フロイスらの一行は、牛窓で停泊したあと、「能島より二里」のところに至った。彼らはその地において、「日本最大の海賊」能島村上氏と交渉し、能島殿の「紋章が入った絹の旗と署名」をもらうことに成功したが、その後に彼らが立ち寄ったのが、小早川隆景が「広大にして堅固な城」（『イエズス会日本年報』）、「非常に高く美しい城」（『フロイス日本史』十二）を築きつつあった地点である。この城の所在地をフロイスらは明記していないが、近年藤田達生氏によって、この城が松山市の海辺部に所在する湊山《みなとやま》城であることが明らかにされた（『日本中・近世移行期の地域構造』）。おそらくフロイスらは、湊山城膝下の港三津に立ち寄ったものであろう。そうすると彼らは、この後は当然、伊予灘を経由して臼杵に向かったはずである。

この芸予諸島南部をぬけて鞆で山陽沿岸航路に合流するコースは、防予諸島をぬけて蒲刈島周辺で山陽沿岸航路に合流するコースと比べて、伊予灘、斎灘で島影の少ない危険な海域を通過しなければならない難点があるが、距離的には大きく短縮される。近世中後期にはこのコースは伊予路沖乗りと呼ばれ、北前船などの遠隔地を行き来する大型船に利用されるコースとなる。

なお、慶長三年（一五九八）に朝鮮からの帰国の途次、下関から室まで船旅をした浅野幸長は、上関のあと防予諸島の津和地に停泊し、翌日には鞆に着いている。これは、先の防予諸島をぬけて蒲刈島周辺に至るコースと、芸予諸島をぬけて鞆に至るコースとの中間コースといえよう。

次にこれまで取り上げてきた中世瀬戸内海の港を主として地理的条件によっていくつかの類型に分類してみたい。

港を分類する

地理的条件によって港を分類する試みはすでに何人かの研究者によって行われている。村井章介氏は、港ができる立地条件として重要なのは、船の出入りが容易であること、風波が避けられる地形であることであるとした上で、「浜」「浦」「洲」「河」「瀬戸」の五つの港の類型を示している（「港町めぐり─瀬戸内海からバルト海・北海へ─」『中世都市研究』三）。一方、市村高男氏は、主として東国地方の港の現地調査を踏まえて、河口と潟に成立するタイプ、湾に成立するタイプ、内海に成立するタイプをあげ（「中世後期の津・湊と地域社会」『中世都市研究』三）、宇佐見隆之氏もこれを継承している（「津・市・宿」『新体系日本史6　都市社会史』）。また古代の瀬戸内海の港の地形について検討した日下雅義氏は、河川の河口部に砂洲が発達してできたラグーン（潟湖）が港として利用されるのがもっとも一般的であると指摘している（「瀬戸内海の地形と古代の港」石野博信編『古代の「海の道」』一）。

私自身は、中世瀬戸内海の港に関しては、基本的に村井氏の分類を継承することができると考える。ただ村井氏の示された五類型のうち、「浜」型、すなわち船を着けやすい砂浜が存在しているところが港化するという点に関しては、若干の疑問がある。着船につごうのよい砂浜があるだけで港化している例はあまり見られず、風波を避けることができるという条件と結びついてはじめて港となる場合が多いからである。したがって私自身は、村井氏の五類型から一類型を除いて、室・池型、水門《みなと》型、瀬戸・水道型、砂嘴《さし》・砂洲《さす》型の四類型を提示したいと考える。

室・池型

第一の室・池型は、村井氏の言われる「浦」型に相当するものであるが、ネーミングについては、若干の説明が必要であろう。この類型について単なる浦や入江という言い方で満足できないのは、私が念頭においているのが、周囲を山に囲まれた小さな円弧状の海岸線を持つ地形だからである。このような特色ある地形を形容するために古くからさまざまな比喩が使われている。たとえば、『播磨国風土記』は、典型的なこのタイプの港である室の泊（室津、兵庫県御津町）について「室と号《なづ》くるゆえは、この海、風を防ぐこと室のごとし、かれ、よりて名となす」と記している。室というのは、穴ぐらのような部屋、山腹などを掘って作った岩屋をさすが、室の港はまさに、播磨灘に面した海岸線が穴ぐらのように小さく円弧状に湾入してできた港である。同じ港を、平安末期に高倉院の供をして訪れた土御門通親《つちみかどみちちか》は、「山まわりて、そのなかに池などのやうにぞみゆ」(「高倉院厳島御幸記」)と表記している。また、村井章介氏は前掲稿においてこのような地形を「袋状」と表現している。入江は浦というよりも「室」「池」「袋」などと表現するほうがふさわしいのではないかと考え、あえて室・池型と呼ぶことにする。

このタイプの港の最大の特色は、なんといっても、他のどのタイプの港よりも波静かな海面を確保できるということである。円弧状をなして周囲を山に囲まれているからどの方向からの風をも防ぐことができるし、小さな出口で外海と通じているのみであるから、荒波が港に入ってくることもない。おそらく、自然条件としては、中世の多様な港町のなかでももっとも優れた条件を有しているといえよう。

このような地形のところに成立した港としては、前記室津のほかに備前国日比《ひび》(岡山県玉野市)、備後国鞆《とも》(広島県福山市)などをあげることができる。日比は児島の南端東寄りのところに位置する小さな港である。児島の南東部は備讃瀬戸《びさんせと》に向かってわずかばかり半島状に突出しているが、その先端部の瓢簞《ひょうたん》型の小さな入江が日比の港である。東西北の三方が山に囲まれ南のみが備讃瀬戸に向かって開けている室・池状地形である。

一方、鞆は、備後国の海辺部をしめる沼隈郡の一角に位置する古くからの港町である。

沼隈郡は半島状に南に向かってのびているが、その南端に直径五〇〇メートルほどの、室・池状の小さな入江が開けており、その奥まった一角が鞆の港である。入江は陸繋島《りくけいとう》である大可《たいが》島と、対岸の小丘陵明神の丘によって入口がふさがれる形になり、おのずから波静かな空間が確保されている。

これらの諸港は〝室〟、〝池〟状の波静かな海面を確保しているという点以外にもいくつかの共通点を有している。ひとつは、その〝室〟、〝池〟の規模の小ささである。そのことは実際に現地に立ってみると如実《にょじつ》に実感することができる。歴史上の港町としての著名さと、目の前の港の小ささの落差にとまどいを感じさせられることもしばしばである。室の場合は円弧状の入江の直径約二〇〇メートル、日比は約三〇〇メートル、鞆は約五〇〇メートルというところであろうか。土御門通親が池のようなと評したのも、まさにむべなるかなというところである。もうひとつの共通点は、いずれも小さな半島の先端に位置するという点である。

このような共通点のうちに、中世の港町の特質がよく表れていると思う。それは、港の外を通っているはずの幹線航路へのアプローチの問題である。中世の航海者たちは、風待ち潮待ちのためにこれらの港に入港するのであるが、そのことは逆に言えば、風や潮の状況がよくなればすぐさま港を出て幹線航路に乗らなければならないことを意味する。奥深い入江からゆっくりと出てきて幹線航路に向かうわけにはいかないのである。そのためには小さくても幹線航路にアプローチしやすい港が望ましいわけだし、そこが、半島の先端であれば、さらに沖に出やすいということになる。

このことは、前記諸港の近隣にもっと大規模でゆっくりと停泊できそうな入江があるにもかかわらず、そこの港が主要な港として発達したように見えないこととも関連するであろう。たとえば室津の西隣には、ゆったりとした入江を擁する相生湾《あいおい》がある。ここは、中世には、東寺領のち南禅寺領となった矢野荘内那波浦《なはうら》（兵庫県相生市）のあったところで、矢野荘の倉敷地として発達したところであるが、瀬戸内海の幹線航路を通行する船舶が立ち寄った形跡はほとんどない。また鞆浦《とものうら》の東隣は、現在は埋立てられてその趣がなくなってしまったが、かつては広大な福山湾とでも呼ぶべき入江のあったところである。ここにも、草戸千軒《くさどせんげん》など地域の港町が生まれたが、那波浦同様幹線航路を往来する船舶の立ち寄る所ではなかった。

水門型

同じ入江でも、河川の河口にできた入江の場合は、室・池型のそれとは地形的にかなり条件を異にしている。室・池型が曲線的な海岸線を有することが多いのに対して、河口の場合は直線的な海岸線になりやすい。室・池型の場合は、入江の入口があたかも袋の口をしぼるように細くなっているのに対して、河口の場合は入江の奥よりも入口の方が広くなっていることが多い、などである。このような河川の河口にできた入江に成立した港を第二の類型として水門《みなと》型としたい。村井氏のいわれる「河」型にほぼ相当する。現在船舶の停泊地を示す「みなと」の語源が河口を示す水門にあることからすれば、歴史的には、この類型がもっとも古い港の型を示しているのかもしれない。また地名のなかに「みなと」の音を残している十三湊《とさみなと》（青森県市浦《しうら》村）や三国湊（福井県三国町）などは、この類型の港町から発達したところである。

なお、日下氏は、古代の瀬戸内海において河口に砂洲が発達してラグーン（潟湖《せきこ》）が形成され、そこが港として利用される事例が多いと指摘している。

中世瀬戸内海の水門型の港としては、安芸国高崎（広島県竹原市）、讃岐国宇多津（香川県宇多津町）をあげることができる。ともに、現在は埋立てなどによって河口の港の面影を失ってしまっているが、近世以降の開発地等を除いてみると、前者は内浜川の、後者は大束川《だいそくがわ》の河口に開けた港であることがわかる。ただ内浜川といい、大束川といい、いずれも地域の中小河川であって、河口の規模も小さい。これも先の室・池型の場合と同様、大河川河口の奥深い入江よりも航路にアクセスしやすい利点をねらったものと思われる。このタイプの港町の有利な点は、なんといっても内陸部との連絡にすぐれているという点である。宇多津の大束川の流域に、鋳物師屋《いもじや》、鋳物師原《いもじはら》、蓮尺《れんじやく》など手工業者や商人にちなむ地名が数多く残っているのは、この川が水運に利用されたことをよく示している。ただこのタイプの港の弱点は、たえず土砂の堆積に悩まされるという点である。水門型の港が土砂の堆積によってしだいに港としての機能を失っていく例は少なくない。

瀬戸・水道型

第三の類型としては、村井氏の「瀬戸」型をそのままうけて、瀬戸・水道型としたい。瀬戸内海には、瀬戸とか水道と呼ばれる、陸地と島、島と島にはさまれた狭い水路が数多く存在する。そのような水路は、潮の流れが激しい反面、両側を山陰、島陰によって守られるから、風波から船を守るにはつごうのよい海面となる。このような瀬戸・水道の地形を生かして、そこに面したところに成立した港が、この類型である。なお、潮の流れが激しいということについては、港としての条件に適さないと見る向きもあるが、村井氏も指摘しているように潮の流れを読み取る目、流れに応じて操船する技術さえあれば、港への出入りはむしろやりやすくなるのであって、決して不利な条件となることはない。多くの島々が点在していて随所に瀬戸や水道が見られるのが瀬戸内海の特色であるとすれば、この類型の港はもっとも瀬戸内海らしい港といえる。

このタイプの港の最大の長所は、幹線航路へのアクセスにすぐれているという点である。幹線航路の一角をなす瀬戸・水道沿いに港が成立しているのであるから、港から一歩外へ出れば、そこはもう幹線航路である。潮や風の状況に応じてすばやく出入港することができるのである。

したがって類例も少なくない。中国本土と九州本土の間の狭い関門海峡に面した赤間関《あかまがせき》（山口県下関市）、中国本土の熊毛半島と、長島という小島嶼《とうしょ》にはさまれた上関海峡に面した上関（山口県上関町）、芸予諸島東端の上蒲刈《かまがり》島と下蒲刈島にはさまれた三之瀬瀬戸に面した三之瀬（広島県下蒲刈町）、中国本土と向島の間に形成された細長い尾道水道に面した尾道、そして、中国本土と前島の間の牛窓瀬戸に面した牛窓などがそれである。

砂嘴・砂洲型

第四の類型は、村井氏の「洲」型をうけた砂嘴《さし》・砂洲型である。海に流入する河川が運搬してきた砂礫《されき》や海食崖《かいしょくがい》から生み出された砂礫が沿岸流によって海岸線に沿って運搬され、湾口をふさぐような形で堆積して細長く発達することがある。この細長い堆積列を砂嘴といい、砂嘴が島や対岸の陸地とつながったものを砂洲という。砂嘴や砂洲が湾の入口に発達した場合には、その内側は、波静かな海面となる。このような地形のところに成立した港がこの類型である。風があまり強くなく、干満の差が大きくて砂嘴や砂洲が発達しにくい瀬戸内海では、多くの類例を見出すことはできないが、九州の国東《くにさき》半島の南岸、別府湾に面して開けた港守江《もりえ》（大分県杵築《きつき》市）は、数少ない例の一つである。国東半島の南岸は、杵築市のあたりで西に向かって大きく湾入しているが、その湾の南に東から西に向かって細長い砂嘴が延びている。住吉浜と呼ばれるこの砂嘴は、平均幅約一〇〇㍍、長さ約一・五㌔にも達し、守江の港を大きく包み込んで天然の良港としている。また先に室・池型の例としてあげた鞆も、部分的には砂嘴・砂洲型の一面をもっている。〝池〟を取り巻く円弧状の海岸線のうち、東側の部分は、南に向かってのびた砂嘴が沖合の小島大可島と接続することによって形づくられているからである。

しかし、なんといってもこのタイプの港の代表例は、淡路島東岸の由良《ゆら》（兵庫県洲本《すもと》市）であろう。この港は、ちょうど瀬戸内海と太平洋の境界に位置して、これまで述べてきた瀬戸内海航路からは外れているため言及する機会がなかったが、港の前面には南北にのびた砂洲が約二㌔も続き、これが波静かな海面を作り上げている。現在は、砂洲の両端が掘り切られて新しい出入り口となっているのであたかも瀬戸・水道型のような景観を呈しているが、基本的にはやはり砂嘴・砂洲型と見るべきである。由良は友ヶ島《ともがしま》水道（紀淡《きたん》海峡）に面していて紀伊半島と最短距離の位置にある関係から、畿内から四国や淡路島に向かう多くの人々がこの港を利用し、室町期にはこの海域の拠点港となった。この時期の由良の港の活況を最もよく伝えているのは、例の「兵庫北関入船納帳」で、同帳には、由良籍船が阿波産の木材などを積んで一一七回にもわたって入関していることが記録されている。このような室町期の由良船の活発な活動を支えていたのが、砂洲に囲まれた良港の存在であつたといえよう。

以上、中世の港についてみてきたが、これらの港はこのあと近世に向かう時代の推移の中でどのように変わっていくのだろうか。

近世に向かって

近世の航路や港について考えるとき、寛文十二年（一六七二年）という年は、すこぶる大きな意味を持っている。それは、この年に河村瑞賢《かわむらずいけん》によるいわゆる西廻り航路の開発が行われたからである。瑞賢は、前年にいわゆる東廻り航路の開設に成功していたが、その経験をかわれて、今度は、出羽国最上《もがみ》地方（山形県）の城米（幕府領の年貢米）を江戸に運び込む航路の開設を命じられたのである。この航路は、東廻り航路よりもはるかに遼遠で難路であったので、瑞賢は、塩飽や日比などからすぐれた船舶と水夫を雇い入れ、沿岸の諸地域を詳細に調査し、十分な準備を整えたうえでこれに取り組んだ。そしてついに、出羽国酒田の袖浦《そでうら》（山形県酒田市）を出発した城米輸送船を、日本海、瀬戸内海、太平洋を経由して、江戸に送り込むことに成功したのである。この西廻り航路の開発によって、瀬戸内海は、東北・北陸地方の城米や各藩の蔵米が、大量に大坂に向かって流れ込む大動脈となった。

そしてその城米輸送に幕府直雇《じかやと》いの御用船として従事したのが塩飽の船頭たちである。中世においては遠隔地航路の寄航地であり、かつ「人船」（客船）や物資輸送船を運航する船頭たちの基地であった塩飽は、こうして近世においても城米輸送を中心とする廻船の基地として重要な役割を果たすことになる。同じように、中世において大きな役割を果たし、それがそのまま近世に受け継がれた港としては、周防上関、安芸蒲刈、備後鞆、備前牛窓、播磨室津などをあげることができる。

新しい港

いっぽう近世になって新たに登場してくる港もある。防予諸島の中央部に位置する津和地島の津和地港《つわじ》（愛媛県中島町）、芸予諸島の大崎下島《おおさきしもじま》の東端に位置する御手洗港《みたらい》（広島県豊町《ゆたかまち》）などがその例である。津和地は中世末期の史料にも見えるから全く新しい港というわけではないが、本格的に港町として発展するのは近世になってからである。御手洗は近世の初めには人家もなかったという全く新しい港である。これら新しく登場してきた近世の港が中世のそれと違うところは、西廻り航路の開発によって多くの船舶が航行するようになると、それらを受け入れるためにさまざまな条件整備を行ったことである。

船舶を受け入れる条件として最も重要なのはいうまでもなく港湾設備である。これらの港は、現在の灯台にあたる灯籠、防波堤にあたる波戸《はと》、桟橋にあたる雁木《がんぎ》、ドックにあたる船燥場《ふなたでば》などを相ついで整備し始める。津和地では寛永十四年（一六三七）に初めて灯籠を設置したという。現在も入江の東端に常灯鼻《じょうとうはな》という地名が残っているからここが設置場所であろう。波戸については、津和地の場合は前面に怒和《ぬわ》島があって自然の防波堤を果していたからそれほど必要でなかったが、御手洗では江戸後期になって大規模な波戸の築造が行われた。雁木というのは、陸地と海面を結ぶ石造りの階段状の施設であるが、これが桟橋のない時代には船着場の役割を果した。その意味では船の発着に欠かせない施設であり、両港でも雁木の新設と修理が繰り返された。

また船燥場は、船舶の修理施設としてのドックにあたるものである。江戸時代の木造船は、定期的に陸に引き上げて船底の外側を火で焼いて付着した貝類を除去する必要があったが、これを船燥とよんで船舶維持に不可欠な作業とされた。これについては御手洗のものが著名で、同港には大型船を同時に多数船燥することができる船燥場があった。こうした施設を持っている港は、船を大事にする船頭たちにとっては何よりも大きな魅力であった。

このような港湾施設の整備のほかに、客寄せのためのさまざまな工夫も行われた。その一つに富くじがある。津和地では、宝暦九年（一七五九）に「干鰯頼母子《ほしかたのもし》」という名前で富くじが始まっている（干鰯の名がついているのは、これが後述する北前船の主要商品であったからだろうか）。富くじは松山藩が周辺の有力商人に興行権を与える形で行われ、興行権を請け負った商人は一定の運上銀を藩に納めた。富くじのほかに島々の港町が内海の船乗りたちをひきつけたのは遊女の存在である。津和地の遊女については記録が残されていないが、古老の話では明治時代まで存続していたというから、客寄せの面で一定の役割を果たしていたことは間違いないであろう。遊女のいた港町として知られるのはなんといっても御手洗である。御手洗では十八世紀前半から中期にかけて遊女を置く茶屋が免許され始め、盛時には四軒の茶屋が軒を並べ、一〇〇人を越す遊女がいたという。

港に立ち寄る人々も、中世とはおのずから異なってきた。津和地の例でみると、舟を迎えるにあたって島の人々が最も気を使ったのは、幕府の公用船である。江戸と長崎の間を上り下りする長崎奉行やその配下の役人たち、諸国を視察してまわる巡見使、幕領を支配する幕府代官などが頻繁に立ち寄るようになった。変わったところでは、朝鮮通信使の往来がある。朝鮮通信使は、将軍の代替わりごとに慶祝のために来朝したが、幕府は国賓である一行の送迎にはことのほか気を使い、途中に接待所を設けて諸大名に接待役を命じた。津和地は通信使の公式の接待所ではなかったが、それでも五〇〇人近い大使節団が七十余艘の船を連ねて移動するのであるから、「御馳走御用」は大変であった。幕府御用の公用船のほかに参勤交代の大名たちも数多く寄港した。これら大名に対する便宜供与は必ずしも義務付けられたものではなかったが、それでも船や水夫の提供を求められることも少なくなかった。

このような幕府・藩関係の船舶もさることながら、十八世紀以降になると、商船の入港が頻繁になる。その中心になるのが、いわゆる北前船であった。

このような津和地や御手洗の港町としてのめざましい発展の背景には、西廻り航路を行き来する船舶の変質があった。すなわち、本来幕府の城米輸送のために開かれた西廻り航路に、元禄《げんろく》期以降の商品作物の活発な生産を背景にして、城米以外の一般商品の輸送にあたる北前船《きたまえぶね》の往来が頻繁になってきたことである。

北前船は、ベザイ船といわれる千石積も可能な大型帆船を利用して、蝦夷《えぞ》地や北陸地方と大坂の間を日本海・瀬戸内海を経由して往復し、蝦夷地からは鰊〆粕《にしんしめかす》、胴鰊《どうにしん》、昆布、鮭などの海産物を、大坂からは木綿、古着、塩、砂糖、酒などを輸送した。その全盛期は、幕末から明治初期にかけてのころであるが、すでに十八世紀半ばから活況を見せはじめ、多くの北前船が瀬戸内海を航行するようになったのである。

北前船の頻繁な航行に対応して、瀬戸内海では新しい航路がとられるようになった。従来は、航海の安全性を優先させて、山陽の沿岸を航行する中世以来の地乗りコースがとられていたが、造船技術の進歩によって堅牢な大型船が造られ、航海技術も発達すると、内海中央部のいわゆる沖乗りコースをとる船が増えてきたのである。沖乗りが発達すると、新たに島嶼部に、風待ち、潮待ちの港が必要になってくる。そのような内海島嶼の港町として発展し始めるのが津和地や御手洗にほかならない。両港のほかにも、備後国田島《たじま》（広島県内海町《うつみ》）、安芸国倉橋島の鹿老渡《かろうと》（広島県倉橋町）、周防国大島の家室《かむろ》（山口県東和町）などの諸港が同様の発展を見せ始める。

こうして西廻り航路の成立と、そこにおける北前船の頻繁な往来によって、瀬戸内海の航路や港の様相は大きく変わっていくことになる。

あとがき

かつて、海城《うみじろ》とよばれる海賊の城をさがして、瀬戸内の島々や海辺部を歩きまわったことがある。城をさがしあてると、さまざまな遺構を調査することになるが、最後には、山頂に登って周囲の眺望を楽しむのが常であった。海をにらんで立地しているのが海賊の城の特徴であるから、当然、山頂（城でいえば本丸）からは島と島の関係、入江の様子などが手に取るように見える。このような海城とその周囲の景観を目に焼き付けたことが、海賊を理解するうえで大変役立ったように思う。

このような景観を確認しながら、海賊の活動についてあれこれ思いをめぐらすのは、なによりも楽しい作業であった。このようなことを繰り返しているうちに、海城から見える景観に、一つの共通点があることに気付くようになった。それは、視野のどこかに必ず、船が密集して停泊しているところ、つまり港が入ってくるということである。どうやら海城には港がつきものらしい――。

これは、今まで、戦時における水軍活動、その軍事拠点としての城郭《じょうかく》など、海賊の軍事的側面にばかり注目してきた私には新鮮な発見であった。港はいうまでもなく、交通や流通の拠点である。海賊がそのようなところと密接なかかわりを持って立地していることは、海賊が単なる軍事集団ではなく、交通や流通にもかかわっていたことを示しているのではないか。このように考えることで、私の海賊や海城に対する見方は大きく広がっていった。それと同時に瀬戸内海への旅の仕方も微妙に変わってきた。海城への関心がうすれたわけでは決してないが、海城を港との関連で見るようになり、次には、港そのものの形状や景観を重視するようになった。

こうして、私の新たな旅、すなわち瀬戸内の港めぐりの旅が始まった。本書は、このような港めぐりの旅と、中世の旅人たちの記録を読むという作業をドッキングさせることによってできたものである。港を見たり、記録を読んだりするときには、中世人の気持ちになってそうすることを心がけたが、果たしてそれが成功しているかどうかは読者の判断にゆだねるしかないだろう。

あとに残した課題も少なくない。そのひとつは、本書において私は、港に上陸はしたが、港町のなかを歩き回ることはあまりしなかったことである（もちろん実際の調査においては、港町の探索は私の楽しみのひとつであったが）。今から思うと、たとえば近世フランスの港町において深沢克己氏が試みたように、港町の構造や盛衰、建築物の形態や様式、商人の動向などにもっと意を用いるべきではなかったかと思う（『海港と文明―近世フランスの港町―』。それにしても本書はすごい。港や港町を材料にして時代の動きをみごとにとらえている）。港は海と陸との接点である。私はもっぱら海の側から港を見てきたが、陸の側や、そこに開かれた町場から港を見る視点も必要であろう。港から港町へ――。今後も瀬戸内海の旅を続けていきたい。

最後になったが、私の拙い原稿に目をとめて出版をすすめていただいた吉川弘文館の大岩由明氏、編集を担当していただいた鎌本亜弓氏に感謝申し上げげたい。

二〇〇二年八月

山内　譲

主要参考文献

松田毅一『キリシタン研究（四国編）』創元社、一九五三年
河合正治『瀬戸内海の歴史』至文堂、一九六七年
村上直次郎訳・柳谷武夫編輯『イエズス会士日本通信』上・下　雄松堂書店、一九六九年
村上直次郎訳・柳谷武夫編輯『イエズス会日本年報』上・下　雄松堂書店、一九六九年
松田毅一・川崎桃太訳『フロイス日本史』一〜一二　中央公論社、一九七七〜一九八〇年
林屋辰三郎編『兵庫北関入船納帳』中央公論美術出版、一九八一年
石井謙治『図説和船史話』至誠堂、一九八三年
新城常三校注『神道大系文学篇五　参詣記』神道大系編纂会、一九八四年
村井章介校注『老松堂日本行録』岩波書店、一九八七年
谷沢　明『瀬戸内の町並み―港町形成の研究―』未来社、一九九一年
大林太良他『海と列島文化第九巻　瀬戸内の海人文化』小学館、一九九一年
新城常三『中世水運史の研究』塙書房、一九九四年
網野善彦・石井進編『中世の風景を読む6　内海を躍動する海の民』新人物往来社、一九九五年
中世都市研究会編『中世都市研究3　津・泊・宿』新人物往来社、一九九六年
山本博文『島津義弘の賭け―秀吉と薩摩武士の格闘―』読売新聞社、一九九七年

山内　譲『海賊と海城―瀬戸内の戦国史―』平凡社、一九九七年
山内　譲『中世瀬戸内海地域史の研究』法政大学出版局、一九九八年
金谷匡人『海賊たちの中世』吉川弘文館、一九九八年
山口　徹編『街道の日本史42　瀬戸内諸島と海の道』吉川弘文館、二〇〇一年

著者紹介
一九四八年、愛媛県に生まれる
一九七二年、京都大学文学部卒業
現在、愛媛県総合教育センター室長
主要著書
海賊と海城　中世瀬戸内海地域史の研究

歴史文化ライブラリー
169

中世瀬戸内海の旅人たち

二〇〇四年（平成十六）一月一日　第一刷発行

著　者　山《やま》内《うち》譲《ゆずる》

発行者　林　英　男

発行所　株式会社 吉川弘文館
東京都文京区本郷七丁目二番八号
郵便番号一一三―〇〇三三
電話〇三―三八一三―九一五一〈代表〉
振替口座〇〇一〇〇―五―二四四
http://www.yoshikawa-k.co.jp/

印刷＝株式会社 平文社
製本＝ナショナル製本協同組合
装幀＝山崎　登

歴史文化ライブラリー

1996.10

刊行のことば

現今の日本および国際社会は、さまざまな面で大変動の時代を迎えておりますが、近づきつつある二十一世紀は人類史の到達点として、物質的な繁栄のみならず文化や自然・社会環境を謳歌できる平和な社会でなければなりません。しかしながら高度成長・技術革新にともなう急激な変貌は「自己本位な刹那主義」の風潮を生みだし、先人が築いてきた歴史や文化に学ぶ余裕もなく、いまだ明るい人類の将来が展望できていないようにも見えます。このような状況を踏まえ、よりよい二十一世紀社会を築くために、人類誕生から現在に至る「人類の遺産・教訓」としてのあらゆる分野の歴史と文化を「歴史文化ライブラリー」として刊行することといたしました。

小社は、安政四年（一八五七）の創業以来、一貫して歴史学を中心とした専門出版社として書籍を刊行しつづけてまいりました。その経験を生かし、学問成果にもとづいた本叢書を刊行し社会的要請に応えて行きたいと考えております。

現代は、マスメディアが発達した高度情報化社会といわれますが、私どもはあくまでも活字を主体とした出版こそ、ものの本質を考える基礎と信じ、本叢書をとおして社会に訴えてまいりたいと思います。これから生まれでる一冊一冊が、それぞれの読者を知的冒険の旅へと誘い、希望に満ちた人類の未来を構築する糧となれば幸いです。

吉川弘文館

〈オンデマンド版〉
中世 瀬戸内海の旅人たち

On Demand
歴史文化ライブラリー
169

2018年（平成30）10月1日　発行

著　者　山《やま》内《うち》　譲《ゆずる》
発行者　吉川道郎
発行所　株式会社 吉川弘文館
〒113-0033　東京都文京区本郷7丁目2番8号
TEL　03-3813-9151〈代表〉
URL　http://www.yoshikawa-k.co.jp/

印刷・製本　大日本印刷株式会社
装　幀　清水良洋・宮崎萌美

山内　譲（1948～）

ISBN978-4-642-75569-6